高等学校电子信息学科"十四五"应用型人才培养实用教材

MATLAB 程序设计及应用

主　编 ◎ 李晓波
副主编 ◎ 朱　娟　宋立新
　　　　　王正强　王　寅

西南交通大学出版社
·成　都·

图书在版编目（CIP）数据

MATLAB 程序设计及应用 / 李晓波主编. —成都：西南交通大学出版社，2023.8

高等学校电子信息学科"十四五"应用型人才培养实用教材

ISBN 978-7-5643-9372-4

Ⅰ. ①M… Ⅱ. ①李… Ⅲ. ①Matlab 软件 – 高等学校 – 教材 Ⅳ. ①TP317

中国国家版本馆 CIP 数据核字（2023）第 120092 号

高等学校电子信息学科"十四五"应用型人才培养实用教材

MATLAB Chengxu Sheji ji Yingyong

MATLAB 程序设计及应用

主编　李晓波

责任编辑	李华宇
封面设计	何东琳设计工作室
出版发行	西南交通大学出版社 （四川省成都市金牛区二环路北一段 111 号 西南交通大学创新大厦 21 楼）
邮政编码	610031
发行部电话	028-87600564　028-87600533
网址	http://www.xnjdcbs.com
印刷	四川煤田地质制图印务有限责任公司
成品尺寸	185 mm × 260 mm
印张	12
字数	300 千
版次	2023 年 8 月第 1 版
印次	2023 年 8 月第 1 次
定价	46.00 元
书号	ISBN 978-7-5643-9372-4

课件咨询电话：028-81435775

图书如有印装质量问题　本社负责退换

版权所有　盗版必究　举报电话：028-87600562

前言
PREFACE

　　MATLAB 语言是目前最为流行的科学计算语言之一，其特点是能够快速地完成矩阵运算、微分、科学绘图、仿真建模等任务。受益于其丰富且专业的工具箱及相应的常用算法和函数，MATLAB 可以解决金融、信号处理、图像处理、神经网络、人工智能等诸多行业数据处理及仿真建模问题，具备极强的实用性，是理工科学生的重要科学研究工具。

　　本书是湖北文理学院新编特色教材和专业教材之一。编写人员大多从事仿真建模以及 MATLAB 的教学工作，同时在科研和教学中大量使用相关知识进行仿真建模与实验，积累了丰富的经验和素材，这对本教材的编写有着很大的益处。

　　通过本教材的学习，学生可以学会用 MATLAB 语言进行科学计算，掌握用 MATLAB 进行相关领域的编程，以及用 MATLAB 的仿真工具箱 Simulink 进行建模与分析。此外，通过本教材的学习，学生能获得一定的从专业问题出发抽象出数学模型，进而采用 MATLAB 解决相应问题的能力。这对培养学生的创新能力和实践能力有很大的促进作用。

　　本教材包含 MATLAB 的主要教学内容，不仅适用于 MATLAB 初学者，对已有一定编程经验的人员同样有帮助，可作为高等学校 MATLAB 语言教材，也可为相关设计、科研和教学人员提供参考。本教材提供了大量的例题和案例，可帮助学生或教师快速掌握 MATLAB 相关知识并应用于科学研究和教学。

　　本教材由湖北文理学院李晓波担任主编，朱娟、宋立新、王正强、王寅担任副主编，具体编写分工如下：第 8.2 节由朱娟撰写，其余内容由李晓波撰写。宋立新、王正强、王寅参与了编写讨论以及部分程序案例修改工作。

　　由于编者水平有限，时间仓促，书中难免存在不足之处，敬请读者批评指正。

编　者
2023 年 3 月

目录
CONTENTS

第 1 章　MATLAB 语言概述 ………………………………………………… 001
 1.1　MATLAB 简介及特点 ………………………………………………… 002
 1.2　MATLAB 的安装与启动 ……………………………………………… 003
 1.3　MATLAB 的操作界面 ………………………………………………… 005
 1.4　MATLAB 的通用命令 ………………………………………………… 008
 1.5　MATLAB 的文件管理 ………………………………………………… 009
 1.6　MATLAB 的帮助系统 ………………………………………………… 012
 习题 1 …………………………………………………………………………… 015

第 2 章　MATLAB 的数据与数据类型 ……………………………………… 017
 2.1　数据的基本概念 ………………………………………………………… 018
 2.2　数据类型 ………………………………………………………………… 020
 2.3　数据类型的转换 ………………………………………………………… 028
 习题 2 …………………………………………………………………………… 033

第 3 章　数组、矩阵及其处理 ……………………………………………… 034
 3.1　数组的创建 ……………………………………………………………… 035
 3.2　数组的运算 ……………………………………………………………… 044
 3.3　矩阵的运算 ……………………………………………………………… 048
 3.4　特殊矩阵 ………………………………………………………………… 050
 3.5　矩阵的变换 ……………………………………………………………… 053
 3.6　矩阵的求值 ……………………………………………………………… 061
 习题 3 …………………………………………………………………………… 064

第 4 章　MATLAB 程序设计 ………………………………………………… 065
 4.1　M 文件 …………………………………………………………………… 066
 4.2　程序控制结构 …………………………………………………………… 069
 4.3　函数文件 ………………………………………………………………… 078
 4.4　特殊形式的函数 ………………………………………………………… 081
 习题 4 …………………………………………………………………………… 084

第 5 章　MATLAB 绘图 ·················· 086

5.1　基本二维绘图 ·················· 086
5.2　多图绘制与图形修饰 ·················· 088
5.3　特殊二维绘图 ·················· 098
5.4　特殊坐标的二维绘图 ·················· 106
5.5　函数绘图 ·················· 109
5.6　三维绘图简介 ·················· 110
习题 5 ·················· 112

第 6 章　常用数学运算 ·················· 115

6.1　多项式的计算 ·················· 116
6.2　插值与拟合 ·················· 121
6.3　数值微积分 ·················· 125
6.4　常微分方程求解 ·················· 129
6.5　MATLAB 符号运算 ·················· 130
习题 6 ·················· 145

第 7 章　SIMULINK 系统仿真 ·················· 147

7.1　Simulink 简介 ·················· 148
7.2　Simulink 模块库和模块 ·················· 150
7.3　Simulink 子系统 ·················· 158
习题 7 ·················· 162

第 8 章　MATLAB 的应用简介 ·················· 164

8.1　MATLAB 在基础物理学中的应用 ·················· 165
8.2　MATLAB 在通信系统中的应用 ·················· 174

参考文献 ·················· 186

第1章
MATLAB 语言概述

1.1 MATLAB 简介及特点

1.1.1 MATLAB 简介

MATLAB 是矩阵实验室（Matrix Laboratory）的简称，于 1984 年由美国的 MathWorks（迈斯沃克）公司推出，是一种用于算法开发、数据可视化、数据分析、数值计算的高级计算语言和交互式环境。经过不断的改进和发展，现已成为国际公认的优秀科学计算应用开发环境。

MATLAB 的应用范围非常广，包括信号和图像处理、通信、控制系统设计、测试和测量、账务建模和分析、动态系统建设及仿真等。附加的工具箱扩展了 MATLAB 的使用环境，以解决这些应用领域内特定类型的问题。

近年来，MATLAB 版本不断更新，功能也在不断改进和完善。2016 年 3 月，MathWorks 公司推出了 MATLAB R2016a（9.0 版），同年 9 月推出了 MATLAB R2016b（9.1 版），目前最新版本为 MATLAB R2021b。虽然每个版本都有新的特点，但从 MATLAB R2012b 以来，MATLAB 的操作界面和基本功能是一样的，所以不必太在意版本的变化。本书以 MATLAB R2016b 版作为操作环境，介绍 MATLAB 的各种功能与使用。

1.1.2 MATLAB 的主要功能

MATLAB 以其良好的开放性和运行的可靠性，已经成为国际控制界公认的标准计算软件，在国际上 30 多个数学类科技应用软件中，MATLAB 在数值计算方面独占鳌头。

1．数值计算功能

MATLAB 以矩阵作为数据操作的基本形式，这使得矩阵运算变得非常便捷、高效。高质量的数值计算功能为 MATLAB 赢得了声誉。

2．符号计算功能

在实际应用中，除了数值计算外，还经常需要得到问题的解析解，这就是符号计算的领域。MATLAB 先后和著名的符号计算语言 Maple 与 MuPAD（从 MATLAB R2008b 开始使用 MuPAD）相结合，使得 MATLAB 具有很强的符号计算功能。

3．绘图功能

MATLAB 绘图非常方便。在 Fortran 和 C 语言里，绘图都很不容易，但在 MATLAB 里，数据的可视化变得非常简单。MATLAB 具有较强的编辑图形界面的能力，可对图形进行修饰控制，从而增强图形的表现能力。

4．程序设计语言功能

MATLAB 具有程序流程控制、函数调用、数据结构、输入输出、面向对象等程序语言特征,所以使用 MATLAB 也可以像使用传统程序设计语言一样进行程序设计,而且语法简单易学,编程效率高。因此,对于从事数值计算、工程设计和系统仿真等领域的人员来说,用 MATLAB 进行编程是一种理想的选择。

5．工具箱扩展功能

功能强大的工具箱是 MATLAB 的另一个特色。MATLAB 包含两个部分:核心部分和各种可选的工具箱。核心部分有数百个核心内部函数。其工具箱又分为两类:功能性工具箱和学科性工具箱。

功能性工具箱主要用来扩充其符号计算功能、图示建模仿真功能、文字处理功能及与硬件实时交互功能。功能性工具箱用于多种学科。

学科性工具箱的专业性比较强,如控制系统工具箱(Control System Toolbox)、信号处理工具箱(Signal Processing Toolbox)、最优化工具箱(Optimization Toolbox)等。这些工具箱都是由该领域内学术水平很高的专家编写的,故用户无须编写自己学科范围内的基础程序,而直接进行相关的研究即可。

1.2 MATLAB 的安装与启动

对于 MATLAB 初学者,首先需要掌握 MATLAB 软件的安装方法,熟悉 MATLAB 的运行环境,并学习使用帮助文档。

1.2.1 MATLAB 的安装

一般 MATLAB 安装包是一个 ISO 格式的镜像文件,安装前,可以用虚拟光驱软件(如 UltraISO 等)来加载镜像文件或者使用解压软件将镜像文件解压到指定文件夹中。

安装时,若用的是虚拟光驱软件,可以到虚拟光驱中找到 setup.exe 文件,双击进行安装。在弹出的窗口中,选择"使用文件安装密钥",单击"下一步",并同意"许可协议条款",在弹出的"文件安装密钥"处输入密钥,如图 1-1 所示,然后单击"下一步"按钮。

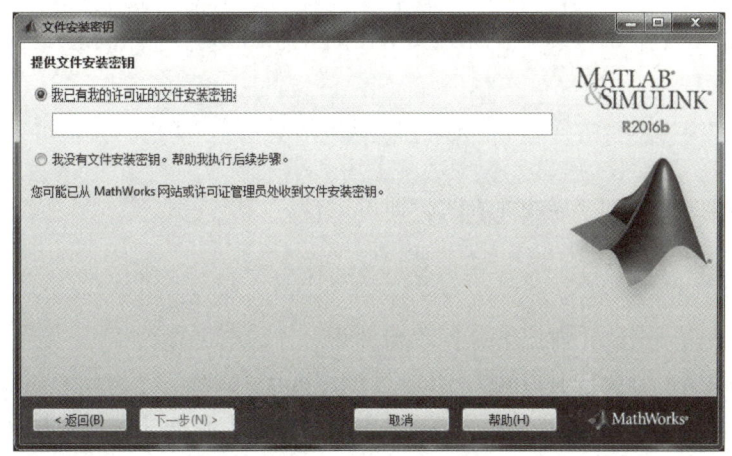

图 1-1 "文件安装密钥"窗口

下一步选择"默认安装文件夹",可以默认,也可以自定义。点击"下一步"进入"产品选择"窗口,选择要安装的系统模块和工具箱。如果安装路径所在盘空间足够大,可以选择默认全部安装。对有经验的用户,也可以只勾选需要的系统模块和工具箱。如图 1-2 所示,然后单击"下一步"按钮。

进入系统文件安装界面,屏幕会有安装进度(安装过程可能需要较长时间)。安装完成之后,进入"产品配置说明"窗口,直接点击"下一步"按钮,完成系统安装。在接下来的激活界面,依次选择"手动激活"选项和相应的许可文件即可。

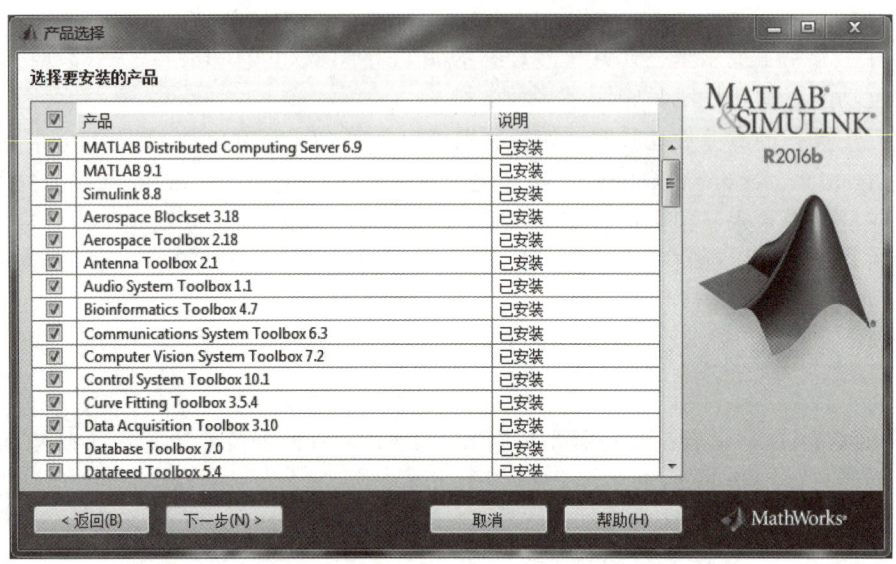

图 1-2 "产品选择"窗口

1.2.2 MATLAB 的启动和退出

1．MATLAB 的启动

与一般 Windows 程序一样,MATLAB 启动有以下 3 种常用方式。

(1)在 Windows 菜单栏,找到 MATLAB R2016b 目录并点击 MATLAB R2016b 快捷方式。

(2)在 MATLAB 安装路径的 R2016b\bin 目录找到 MATLAB 的启动主程序 matlab.exe,双击运行即可。

(3)在桌面双击 MATLAB 快捷方式,即可运行。

2．MATLAB 的退出

要退出 MATLAB 系统,有以下两种常用方式。
(1)在 MATLAB 命令行窗口输入"exit"或"quit"命令。
(2)按正常的程序关闭方式单击 MATLAB 主窗口右上角的"关闭"按钮。

1.3 MATLAB 的操作界面

1.3.1 MATLAB 主窗口

MATLAB 主窗口是 MATLAB 的主要工作界面。主窗口除了嵌入一些功能窗口外，主要包括功能区、快速访问工具栏、当前文件夹工具栏，如图 1-3 所示。

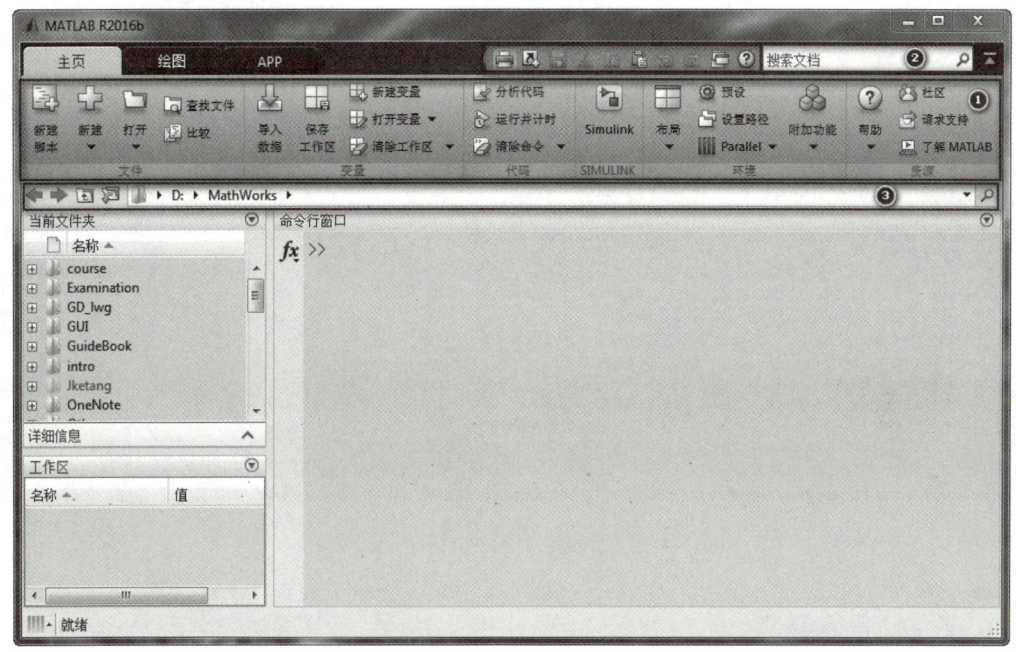

图 1-3　MATLAB 主窗口

其中，功能区包含 3 个选项卡，分别为主页、绘图和应用程序（App）。不同的选项卡有对应的工具条。其中，绘图选项卡提供绘图功能；应用程序选项卡则提供各应用程序的入口。主页选项卡提供如下主要功能。

新建脚本：用于建立新的.m 脚本文件。

新建：用于建立新的.m 文件、图形、模型和图形用户界面。

打开：用于打开 MATLAB 的.m 文件、.fig 图形文件、.mat 数据文件、.mdl 模型文件、cdr 文件等，也可通过快捷键 Ctrl+O 来实现此项操作。

导入数据：从其他文件导入数据，单击后弹出对话框，选择导入文件的路径和位置。

保存工作区：用于把工作区的数据存放到相应的路径文件中。

设置路径：设置工作路径。

布局：提供工作界面上各个组件的显示选项，并提供预设的布局。

帮助：打开帮助文件或其他帮助方式。

预设：用于设置命令窗的属性，单击"预设"按钮弹出如图 1-4 所示的属性界面。例如，可以在"预设项"中选择"工具栏"→"快速访问",来设置图 1-4 中"快速访问工具栏"的常用控件。

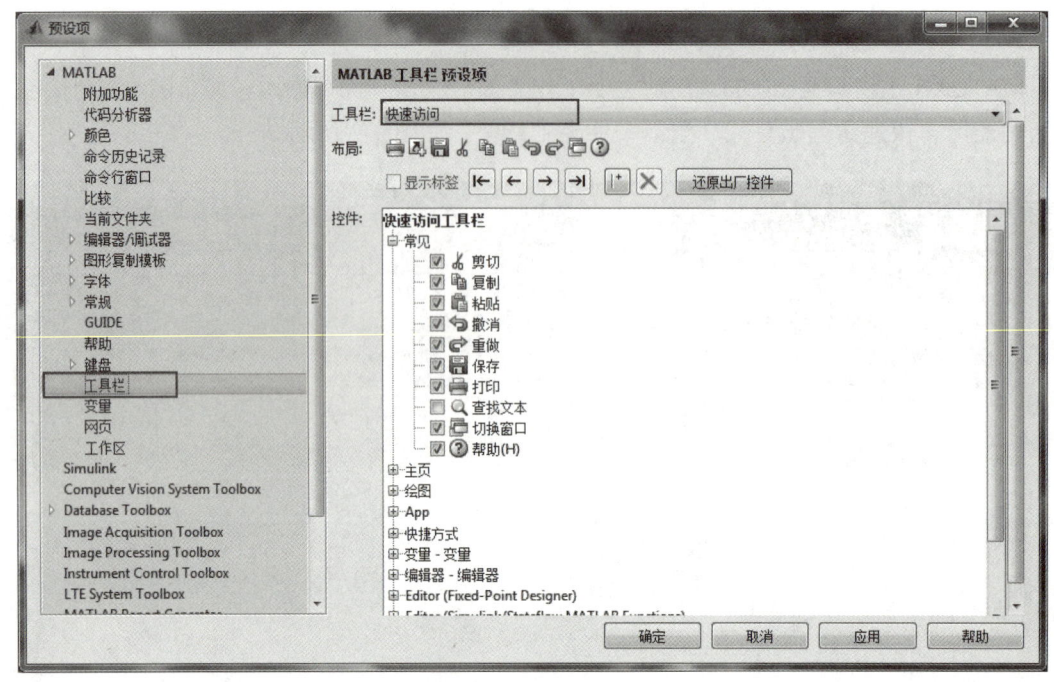

图 1-4 "预设项"设置快速访问工具栏

1.3.2 命令行窗口

命令行窗口是 MATLAB 最重要的窗口之一。用户输入各种指令、函数、表达式等,都是在命令行窗口内完成的,如图 1-5 所示。

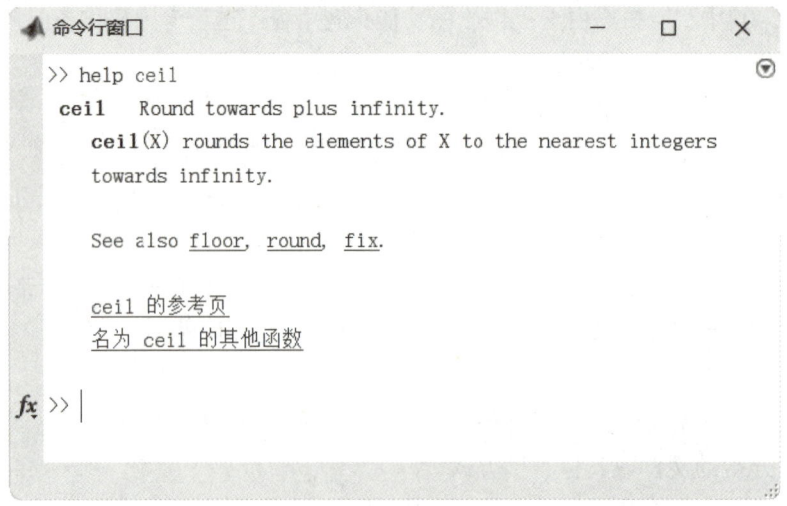

图 1-5 命令行窗口

">>"是命令提示符，表示 MATLAB 处于准备状态，等待用户输入指令进行计算。当用户在提示符后输入了命令并按 Enter 键确认后，MATLAB 将会运算出结果，并再次进入准备状态。

1.3.3 当前文件夹窗口

当前文件夹是指 MATLAB 运行时的工作文件夹，只有在当前文件夹或搜索路径下的文件、函数才可以被运行或调用。如果没有特殊指明，数据文件也将存放在当前文件夹下。为了便于管理文件和数据，用户可以将自己的工作文件夹设置成当前文件夹，从而使得用户的操作都在当前文件夹中进行。用户可以选择某文件夹作为当前文件夹，也可以使用 cd 命令进入特定文件夹使之成为当前文件夹，如图 1-6 所示。

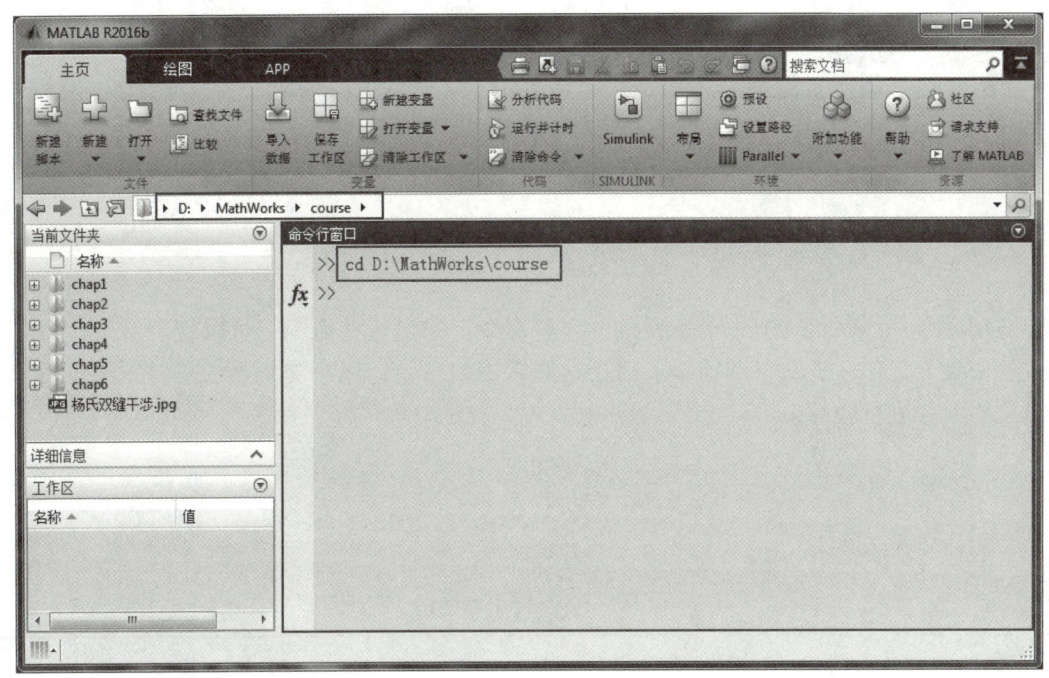

图 1-6 当前文件夹窗口

1.3.4 工作区窗口

工作区窗口显示当前内存中所有的 MATLAB 变量的变量名、数据结构、字节数及数据类型等信息，如图 1-7 所示。不同的图标表示不同的数据类型。

用户可以对已有的变量进行各种操作。另外，主界面上也有工具栏命令用来操作数据。

新建变量：向工作区中添加新的变量。

导入数据：向工作区中导入数据文件。

保存工作区：保存工作区中的变量。

清除工作区：删除工作区中的变量。

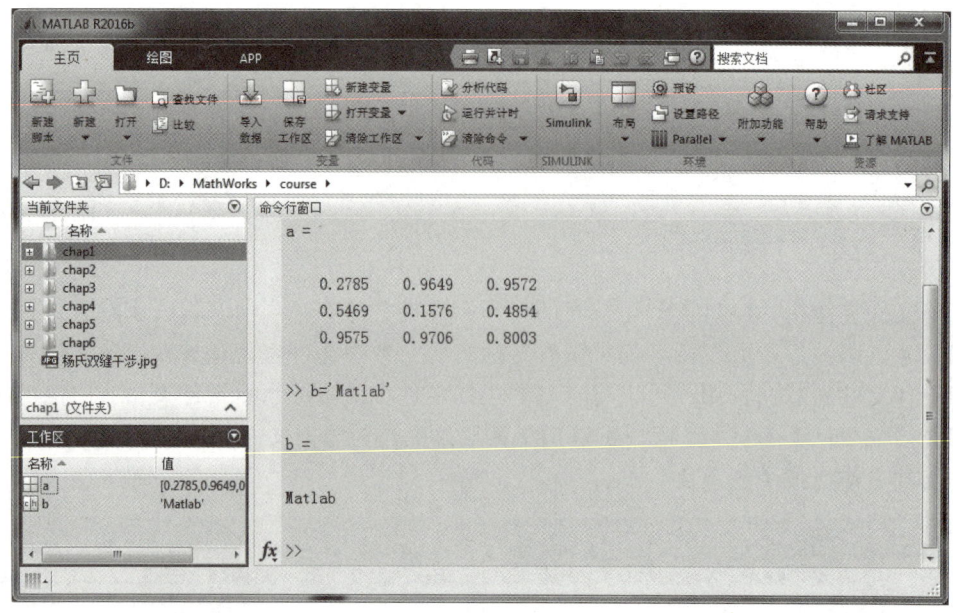

图 1-7 工作区窗口

1.4 MATLAB 的通用命令

通用命令是 MATLAB 中经常使用的一些命令，通过这些命令，可以管理目录、命令、函数、变量、工作区、文件和窗口。对于这些常用的命令，用户需要熟练掌握并会应用。下面对这些命令进行介绍。

1. 常用命令

常用命令见表 1-1。

表 1-1 常用命令

命令	功能	命令	功能
cd	显示或改变当前工作文件夹	load	加载指定文件的变量
dir	显示当前文件夹或指定目录下的文件	diary	日志文件命令
clc	清除工作窗口中的所有显示内容	exit	退出 MATLAB
home	将光标移至命令行窗口最左上角	quit	退出 MATLAB
clf	清除图形窗口	pack	收集内存碎片
type	显示文件内容	hold	图形保持开关
clear	清理内存变量	path	显示搜索目录
disp	显示变量或文字内容	save	保存内存变量至指定文件

2. 输入内容的编辑

在命令行窗口中，为了便于对输入的内容进行编辑，MATLAB R2016b 提供了一些控制光标位置和进行简单编辑的常用编辑键与组合键，掌握这些可以在输入命令的过程中起到事半功倍的效果。表 1-2 列出了一些常用键盘按键及其作用。

表 1-2 常用命令行编辑按键

命令	功能	命令	功能
↑	前寻式调回已输入过的命令	Home	光标置于当前行首端
↓	后寻式调回已输入过的命令	End	光标置于当前行末尾
←	在当前行中左移光标	Del	删除光标后面的字符
→	在当前行中右移光标	Backspace	删除光标前面的字符
PgUp	前寻式向上翻滚一页	Esc	删除当前行全部字符
PgDn	后寻式向下翻滚一页	Ctrl+C	中断一个 MATLAB 任务

3. 标点

在 MATLAB 语言中，一些标点符号也被赋予了特殊的意义或代表一定的运行，具体内容如表 1-3 所示。

表 1-3 常用 MATLAB 标点及其功能

命令	功能	命令	功能
:	冒号，具有多种应用功能	%	百分号，注释标记 DOS 命令
;	分号，区分行及取消运行结果显示	!	惊叹号，调用操作系统 DOS 命令
,	逗号，区分列及函数参数分隔符	=	等号，赋值运行符
()	括号，指定运算的优先级	' '	单引号，字符串标识符
[]	方括号，定义矩阵	.	小数点及对象域访问
{}	大括号，构造单元数组	…	续行符号

1.5 MATLAB 的文件管理

1.5.1 当前文件夹浏览器和路径管理器

工作文件夹窗口可显示或改变当前文件夹，还可以显示当前文件夹下的文件，以及提供文件搜索功能。与命令行窗口类似，该窗口也可以成为一个独立的窗口，如图 1-8 所示。

图 1-8 工作文件夹窗口

1.5.2 搜索路径及其设置

MATLAB 提供了专门的路径搜索器来搜索存储在内存中的 M 文件和其他相关文件，MATLAB 自带文件的存放路径都默认被包含在搜索路径中，在 MATLAB 安装目录的"toolbox"文件夹中包含所有此类目录和文件。

当用户在 MATLAB 命令提示符后输入一个字符串，如"sub2ind"后，MATLAB 进行的路径搜索步骤如下：

（1）检查 sub2ind 是不是 MATLAB 工作区内的变量名，如果不是，则执行下一步。

（2）检查 sub2ind 是不是一个内置函数，如果不是，则执行下一步。

（3）检查当前文件夹下是否存在一个名为 sub2ind.m 的文件，如果没有，则执行下一步。

（4）按顺序检查在所有 MATLAB 搜索路径中是否存在 sub2ind.m 文件。

（5）如果仍然没有找到 sub2ind，MATLAB 就会给出一条错误信息。

简单地说，搜索流程如图 1-9 所示。

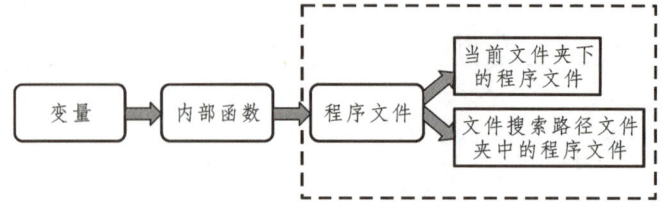

图 1-9 MATLAB 搜索路径

 提示：不在 MATLAB 搜索路径中的文件和文件夹，不能被 MATLAB 搜索到。

一般 MATLAB 系统的函数（包括工具箱函数），都是在系统默认的搜索路径之中的，但是用户设计的函数有可能没有被保存到搜索路径下，由此容易让 MATLAB 误认为该函数不存在。只要将程序所在的目录添加到 MATLAB 的搜索路径，即可以搜索到用户设计的相应函数。

下面介绍 MATLAB 搜索路径的查看及设置方法。

1. 查看 MATLAB 的搜索路径

单击 MATLAB 主界面菜单/工具栏中的"设置路径"按钮，打开"设置路径"对话框，如图 1-10 所示。

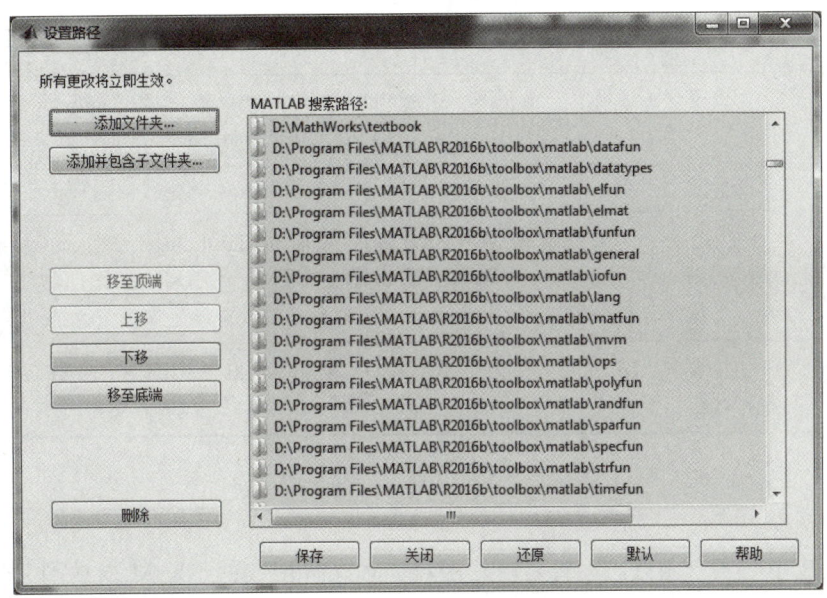

图 1-10 设置搜索路径

该对话框分为左右两部分，左侧按钮用来添加目录到搜索路径以及调整搜索路径中的目录顺序，还可从当前的搜索路径中移除选择的目录；右侧列表框列出了已经被 MATLAB 添加到搜索路径的目录。

2. 设置 MATLAB 的搜索路径

主要推荐两种方法来设置搜索路径：

（1）在命令行窗口中输入：

```
pathtool
```

或者通过 MATLAB 主界面上的"设置路径"项，进入设置路径对话框（见图 1-10），然后通过该对话框编辑搜索路径。

（2）使用"addpath"命令添加搜索路径，如添加 E 盘 work 文件夹为搜索路径：

```
addpath 'E:\work'                    %注意路径要放在单引号中
```

1.6 MATLAB 的帮助系统

帮助文档是应用软件的重要组成部分,文档编制的质量直接关系到应用软件的记录、控制、维护、交流等一系列工作。

在当今软件生产中,没有一流的软件文档,就不会有一流的软件产品。MATLAB 作为一个优秀的科学计算软件,其帮助系统考虑了不同用户的不同需求,构成了一个比较完备的帮助体系。其帮助系统不仅对初学者,而且对熟练操作 MATLAB 的用户都有很大的帮助。MATLAB 的帮助形式主要有 4 种,见表 1-4。

表 1-4 MATLAB 的帮助形式

帮助形式	特 点	资 源
指令窗帮助	文本形式,最可信、最原始,不适用于系统阅读	直接从指令窗中通过 help 指令获得;所有包含在 M 文件之中的帮助注释内容
演示帮助	提供演示示例,直观、生动	使用 demos 命令或点击帮助下的示例命令
帮助导航浏览器	HTML 形式,系统叙述 MATLAB 规则和用法,适用于系统阅读和交叉查阅,是最重要的帮助形式	位于 matlab\help 目录下,通过帮助浏览器获得;HTML 和 XML 文件,物理上独立于 M 文件,是次生性帮助文件;本书重点介绍
Web 帮助系统	包括各种 PDF 文件、视频演示文件、各种讨论组等	MathWorks 公司网站;MATLAB 主界面"帮助"→"支持网站";本书不作介绍

1.6.1 指令窗帮助

MATLAB 中的各个函数,不管是内建函数、M 文件函数,还是 MEX 文件函数等,一般都有 M 文件的使用帮助和函数功能说明,各个工具箱通常情况下也有一个与工具箱名称相同的 M 文件来说明工具箱的构成内容。

因此,在 MATLAB 命令行窗口中,可以通过一些命令来获取这些纯文本的帮助信息。这些命令包括 help、lookfor、which、doc、get、type 等。其中,help 命令是查询函数语法的最基本方式。查询信息直接显示在命令窗口。

help 命令常用的调用方式为

```
help FunName                    %给出指定名称函数的使用方法
```

执行该命令可以查询到有关于 FunName 函数的使用信息。例如,要了解 fix 函数的使用方法,可以在命令行窗口中输入如下代码:

```
>> help fix
  fix    Round towards zero.
      fix(X) rounds the elements of X to the nearest integers
      towards zero.
```

See also floor, round, ceil.

fix 的参考页
名为 fix 的其他函数

显示的帮助内容介绍了 fix 函数的主要功能、调用格式及相关函数的帮助系统内链接。lookfor 命令常用的调用方式为

lookfor　KeyWord　　　　　　　　%对 M 文件 H1 行进行单词条检索

执行该命令可以按指定的关键词查找与关键词相关的所有函数的 M 文件，例如：

```
>> lookfor vectors
eig                 - Eigenvalues and eigenvectors
eigs                - Find a few eigenvalues and eigenvectors of a matrix
svds                - Find a few singular values and vectors
cellstr             - Create cell array of character vectors
iscellstr           - Determine whether input is cell array of character vectors
strcmp              - Compare strings or character vectors
strcmpi             - Compare strings or character vectors ignoring case
...
```

💡 说明：lookfor 搜索的资源是 M 文件帮助注释区中的第一行（简称 H1 行）。例如，lookfor vectors 搜索到的第一条结果 eig，是因为 MATLAB 的 eig 函数的 H1 行包含关键词 vectors。

1.6.2　演示（Demos）帮助

通过 Demos 演示帮助，用户可以更加直观、快速地学习 MATLAB 中许多实用的知识。可以通过以下两种方式打开演示帮助。

（1）选择 MATLAB 主界面菜单栏中的"帮助"中的"示例"命令，如图 1-11 所示。

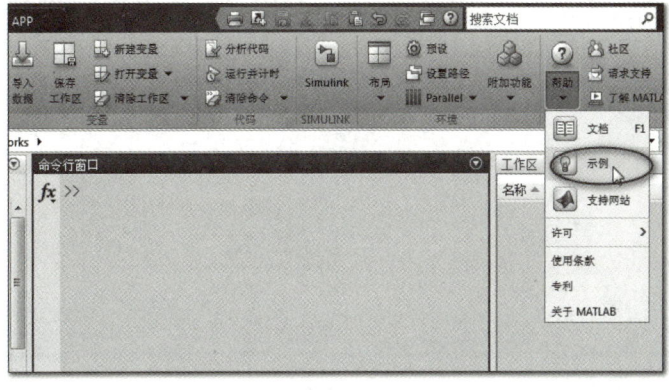

图 1-11　演示（Demos）帮助

（2）在命令行窗口中输入：

demos

无论采用上述何种方式，执行命令后会都弹出 Demos 演示帮助窗口，如图 1-12 所示。

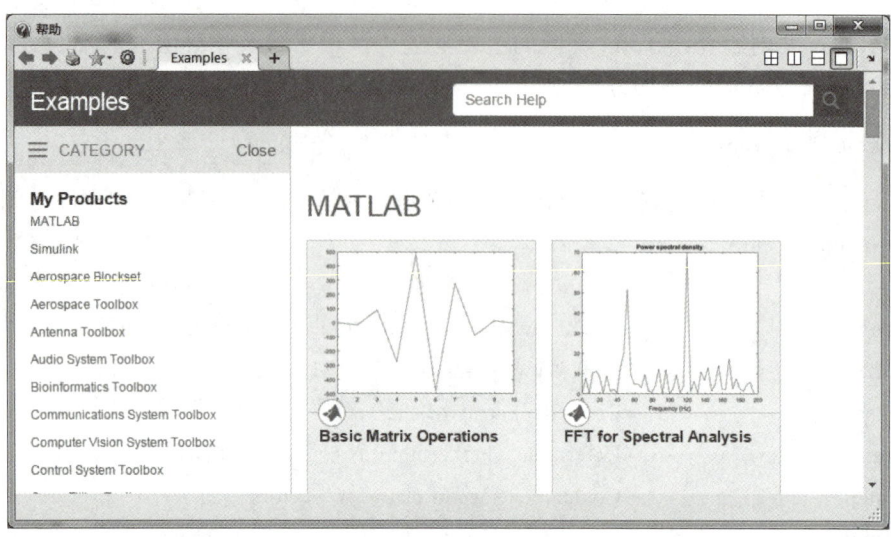

图 1-12　Demos 演示帮助窗口

1.6.3　帮助导航浏览器

帮助导航浏览器是 MATLAB 专门提供的一个独立的帮助子系统。该系统包含的所有帮助文件都存储在 MATLAB 安装目录下的 help 子目录下。用户可以采用以下两种方法打开帮助导航浏览器。

（1）选择 MATLAB 主界面菜单栏中的"帮助"中的"文档"命令，如图 1-13 所示。

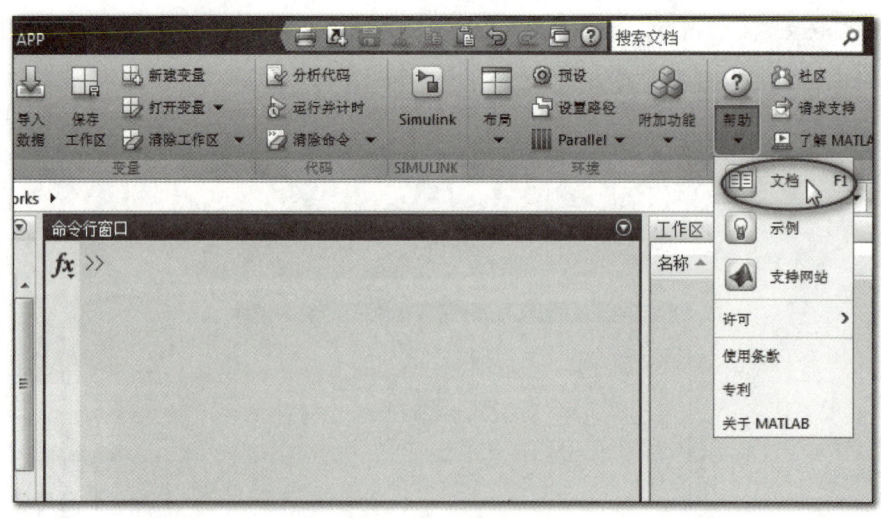

图 1-13　帮助导航浏览器

（2）在命令行窗口中输入：

```
Doc
```

打开帮助导航浏览器，如图 1-14 所示。

图 1-14　帮助导航浏览器窗口界面

说明：除 doc 命令外，helpbrowser 也可以打开帮助导航浏览器。但 helpbrowser 在 2016 版本中使用时，会弹出提示：

警告：未来的版本中将会删除 HELPBROWSER。请改用 DOC。

故建议使用 doc 命令。

1. 2016 年 9 月发布的 MATLAB 版本的编号是（　　）。
   A. MATLAB 2016Ra　　　　　　B. MATLAB R2016a
   C. MATLAB 2016Rb　　　　　　D. MATLAB R2016b
2. MATLAB 编程最大的优点是（　　）。
   A. 编程效率高　　　　　　　　B. 不需要写程序
   C. 算法最优　　　　　　　　　D. 程序执行效率高
3. 在命令行窗口执行命令时，若不想在命令行窗口中输出结果，可在命令后加上(　　)。
   A. 逗号（,）　　B. 冒号（:）　　C. 分号（;）　　D. 百分号（%）
4. 在命令行窗口中，如果要重现输入过的历史命令，可以使用（　　）。
   A. 左移光标键（←）　　　　　　B. 下移光标键（↓）
   C. 上移光标键（↑）　　　　　　D. 右移光标键（→）

5. 下列命令中，输出结果与其他三个不同的是（　　）。

    A. >> 7+8+⋯　　　　　　　　　B. >>⋯
        9　　　　　　　　　　　　　 7+8+9
    C. >> 7+8+9%3　　　　　　　　　D. >> %7+8+9

6. 在MATLAB中，清除内存中变量的指令为_____，清除命令行窗口中所有内容的指令为_____。

7. 在命令行窗口中输入_____指令或_____指令，可以退出MATLAB程序。

8. 在命令行窗口中输入_____+函数名，可以在命令行窗口中显示该函数的帮助信息。

9. 在命令行中设置路径，使用_____命令。

10. 在命令行窗口中输入并执行命令称为MATLAB_____操作。

第 2 章
MATLAB 的数据与数据类型

2.1 数据的基本概念

2.1.1 数组与矩阵

数组与矩阵是两个既有联系又不同的概念。数组（Array）是有序元素序列，矩阵是按照长方阵列排列的实数或复数集合，最早来自线性代数理论。矩阵由二维数据组成。一维数组相当于向量，二维数组（元素纯数字）相当于矩阵。所以矩阵是数组的子集。矩阵中的元素只能是数，而数组中的元素可以是字符等，这是它们最直观的区别。

数组与矩阵的运算方法也是不同的。数组运算是指数组对应元素之间的运算，也称点运算。矩阵的乘法、乘方和除法有特殊的数学含义，并不是数组对应元素的运算，所以数组乘法、乘方和除法的运算符前特别加了一个点。

矩阵是一个二维数组，所以矩阵的加、减、乘等运算与数组运算是一致的。但有两点要注意：

（1）对于乘法、乘方和除法等三种运算，矩阵运算与数组运算的运算符及含义都不同：矩阵运算按线性变换的定义，使用通常符号；数组运算依照对应元素运算定义，使用点运算符号。

（2）数与矩阵加减、矩阵除法在数学上是没有意义的，在 MATLAB 中为简便起见，定义了这两类运算。

2.1.2 实数与复数

日常生活中，我们大多用到实数域，但在工程领域中，经常需要扩展到复数域。复数的定义为

$$Z = a + bi$$

式中，a 是实部；b 是虚部，bi 就是虚数。

在 MATLAB 中，常用 i 或者 j 作为虚数单位，i 或者 j 等效于 sqrt(-1)，也可表示为

$$Z = x + yj$$

2.1.3 常量与变量

在计算机编程语言中，数据有两种表现形式：常量和变量。常量是在程序运行过程中，其值不能被改变的量，例如 5、'A' 和 pi。变量是一个有名字、具有特定属性的存储单元，在程序运行过程中，变量的值是可以改变的。

【例 2-1】 定义一个变量，并和常量进行运算。

```
>> a=12;a=a/2+4

a =
    10
```

在例 2-1 中，a 是变量，4 为常量。在运算过程中，a 的值发生了改变。

2.1.4 变量的命名规则

在 MATLAB 中，变量名是以字母开头，后接字母、数字或下划线的字符序列，最多 63 个字符。例如，myvar1、my_var2、myvar3_均为合法的变量名，而 1matvar、_matvar1 为非法的变量名。另外，在 MATLAB 中，变量名区分字母的大小写。例如，myvar、MYvar 和 MYVar 表示 3 个不同的变量。

MATLAB 提供的标准函数名以及命令名要用小写字母。例如，求矩阵 A 的逆用 inv(A)，不能写成 Inv(A)或 INV(A)，否则会出错。

> 提示：可以使用 isvarname 函数判断某个变量名是否合法，可以使用 iskeyword 函数列出 MATLAB 保留的关键字（共 20 个）。

【例 2-2】 判断变量名是否合法。

```
>> isvarname('1var_a')

ans =

    0

>> isvarname('var_a1')

ans =

    1
```

【例 2-3】 查看 MATLAB 保留的关键字。

```
>> iskeyword

ans =

    'break'
    'case'
    'catch'
    'classdef'
    'continue'
    'else'
    'elseif'
    'end'
    'for'
```

'function'
'global'
'if'
'otherwise'
'parfor'
'persistent'
'return'
'spmd'
'switch'
'try'
'while'

2.2 数据类型

和其他很多编程语言一样,MATLAB的数据类型包括数值型、字符型、逻辑型、结构体型和函数句柄等数据类型。本节将介绍这些基础数据类型及其相应的基本操作。

2.2.1 数值类型

基本的数值类型主要有整型、浮点型(包括单精度浮点型、双精度浮点型)和复数型,如表2-1所示。

表2-1 基本数值类型

数据格式	示例	说明
int8,uint8,int16,uint16 int32,unit32,int64,uint64	>> 2^12 ans = 4096	分别表示带符号和无符号整型;相同数值的整型占用比浮点型更少的内存
single	single(0.5)	单精度浮点型
double	pi、3+4i	双精度浮点型,默认数值类型

在首先满足精度要求的前提下,可以指定系统按照整型或单精度浮点型对指定的数据进行存储及运算。相对于双精度浮点型,整型与单精度浮点型数据的优点在于节省变量占用的内存空间。

1. 整型

MATLAB中有4种带符号整数和4种无符号整数。带符号整数可以表示整数和负数,而无符号整数仅能表示正整数和0。这8种类型的存储占用位数、能表示的数值范围和转换函数都不相同,如表2-2所示。

表 2-2　MATLAB 中的整数类型

整数类型	数值范围	转换函数
带符号 8 位整数	$-2^7 \sim 2^7-1$	int8
无符号 8 位整数	$0 \sim 2^8-1$	uint8
带符号 16 位整数	$-2^{15} \sim 2^{15}-1$	int16
无符号 16 位整数	$0 \sim 2^{16}-1$	uint16
带符号 32 位整数	$-2^{31} \sim 2^{31}-1$	int32
无符号 32 位整数	$0 \sim 2^{32}-1$	uint32
带符号 64 位整数	$-2^{63} \sim 2^{63}-1$	int64
无符号 64 位整数	$0 \sim 2^{64}-1$	uint64

不同整型占用的位数不同，故能表示的数值范围也不同。

【例 2-4】　int8 和 uint8 数据的数值范围展示。

```
>> a=int8(128)
a =
    127
>> b=uint8(128)
b =
    128
```

因为占位限制，得到的结果是不一样的，因此，在实际应用中，应根据需要合理选择合适的整型。

MATLAB 中数值默认存储类型是双精度型。在将变量设置为整型时，一般可用如表 2-3 所列转换函数将双精度浮点型转换为指定的整型。

表 2-3　MATLAB 的取整函数

函数	运算法则	示例
floor	向下取整	floor(1.1)=1 floor(5.5)=5 floor(-5.5)=-6
ceil	向上取整	ceil(1.1)=2 ceil(5.5)=6 ceil(-5.5)=-5
round	取最接近的整数；如果小数部分是 0.5 或更大，则向绝对值大的方向取整	round(1.1)=1 round(5.5)=6 round(-5.5)=-6
fix	向 0 取整	fix(1.1)=1 fix(5.5)=5 fix(-5.5)=-5

2．浮点型

MATLAB 中提供了单精度浮点型（single）和双精度浮点型（double），其存储位宽、能表示的数值范围、数值精度各方面均不相同。单精度浮点型占用的位数少,故占用内存小,但其能够表示的数值范围和数值精度都比双精度浮点型要小,具体数值在此不详述。通过转换函数 single、double 可以将两者进行互换。

single 函数:将其他类型的数据转换为单精度型。

double 函数:将其他类型的数据转换为双精度型。

【例 2-5】 使用 class 函数来确定变量的类型。

```
>> class(8)
ans =
double


>> class(single(8))
ans =
single
```

3. 复数型

复数型数据包括实部和虚部两个部分,实部和虚部默认为双精度型,虚部单位默认用 i 或 j 来表示。复数的创建可以直接按复数的书写形式进行输入或者用 complex 函数创建。可以通过 real、imag 函数来求复数的实部和虚部。

【例 2-6】 使用 complex 创建虚数,用 real、imag 函数求复数的实部和虚部。

```
>> a=complex(3,4)
a =
    3.0000 + 4.0000i
>> real(a),imag(a)
ans =
    3
ans =
    4
```

4. 无穷量(Inf)和非数值量(NaN)

MATLAB 中使用 Inf 和 -Inf 来表示无穷小量和负无穷小量。NaN 表示非数值量,简称非数。正负无穷小量一般由运算溢出而产生,非数一般由 0/0 或 Inf/Inf 类型的运算产生。

【例 2-7】 无穷量及非数的产生。

```
>> a=0/fix(0.8);b=floor(-1.99)/0;c=ceil(0.8)/0;d=round(0.9)/0-Inf;


>> disp(a),disp(b),disp(c),disp(d)


    NaN
```

```
-Inf
Inf
NaN
```

2.2.2 逻辑类型

MATLAB 使用逻辑数据类型表示布尔数据。此数据类型分别使用数字 1 和 0 表示 true 和 false 状态。某些 MATLAB 函数和运算符以返回逻辑值指示是否满足某个条件。

作为所有关系和逻辑表达式的输入,MATLAB 把任何非 0 数值当真,将 0 当假,所有关系和逻辑表达式的输出:对于真,输出为 1;对于假,输出为 0。

逻辑类型数据进行运算时需要用到关系操作符和逻辑运算符。

MATLAB 关系操作符如表 2-4 所示。

表 2-4 MATLAB 的关系操作符

命令	功能	命令	功能
==	确定相等性	<	确定小于
>=	确定大于或等于	~=	确定不相等性
>	确定大于	isequal	确定数组相等性
<=	确定小于或等于		

【例 2-8】 判断两个数组间的元素是否相等。

```
>> A=[2 4 6;8 10 12];B=[5 5 5;9 9 9];A<B
ans =
  2×3 logical 数组

   1   1   0
   1   0   0
```

提示:"="和"=="在 MATLAB 中的意义是不同的。"=="是对等号两边的变量进行关系运算,当其相等时返回 1,不相等时返回 0;而"="用于将等式后面的运算结果赋值给前面的变量。

逻辑运算符提供了组合或否定关系表达式。表 2-5 列出了逻辑运算符及常用逻辑函数。

表 2-5 逻辑运算符及逻辑函数运算符

命令	功能	命令	功能
&	计算逻辑与	all	确定所有的数组元素是否非零
|	计算逻辑或	any	确定是否有任何元素非零
~	计算逻辑非	find	查找非零元素的索引和值
xor	计算逻辑异或	islogical	确定输入是否为逻辑数组

2.2.3 字符和字符串

在 MATLAB 中,字符串是用"单引号对"括起来的字符序列,例如:

sf='I am a college student'

输出结果是:

sf =

I am a college student

MATLAB 将字符串作为一个行向量,每个元素对应一个字符,其标识方法和数值向量相同。也可以建立多行字符串矩阵,例如:

ch=['uvwxyz';'123456']

若要创建带单引号的字符串,则该单引号字符要用两个单引号来表示。

\>> sf='I''m a college student'

sf =

I'm a college student

Eval 是与字符串有关的重要函数,其调用格式为

   eval(x)

其中,x 为字符串。它的作用是将字符串的内容作为对应的 MATLAB 语句来执行,例如:

\>> x=pi;ch='[x,sin(x/2),cos(x/2)]';y=eval(ch)

y =

     3.1416   1.0000   0.0000

MATLAB 还有许多与字符串处理有关的函数,表 2-6 给出了几个常用的函数。

表 2-6 常用字符串处理函数

命令	功能	命令	功能
setstr	将 ASCII 码值转换成字符	str2num	将字符串转换成数值
mat2str	将矩阵转换成字符串	strcat	用于字符串的连接
num2str	将数值转换成字符串	strcmp	字符串的比较
int2str	将整数转换成字符串		

2.2.4 结构体类型

MATLAB 中的结构体与 C 语言中的结构体类似,利用此类数据类型可以表达具有不同属

性的对象，如学校教务系统中的学生、教师、课程等对象。因此，结构体相当于一个数据容器，把多个相关联的不同类型的数据封装在一个结构体对象中。

创建结构体类型有两种方法，可以直接通过赋值语句给结构体的字段赋值，还可以利用 struct 函数创建。

（1）通过字段赋值创建结构体。在对结构体的字段进行赋值时，赋值表达式的变量名使用"结构体名称.字段名称"的形式书写，对同一个结构体可以进行多个字段的赋值。

【例 2-9】 通过字段赋值创建结构体。

```
>> Student.Name='Kim';Student.Grade=6;
>>Student.Subject={'Chinese','Math','English'};
>>Student.score={88,99,92};
>> Student

Student =

  struct with fields:

       Name: 'Kim'
      Grade: 6
    Subject: {'Chinese'  'Math'  'English'}
      score: {[88]   [99]   [92]}
```

用 whos 命令查看其大小及类型：

```
>> whos
  Name       Size            Bytes  Class     Attributes

  Student    1x1              1450  struct
```

例 2-9 中，通过对 4 个字段赋值，创建了结构体 Student，然后用 whos 函数分析出 Student 是一个 1×1 的结构体。

（2）利用 struct 函数创建结构体。
Struct 函数的语法形式为

```
s = struct(field1,value1,…,fieldN,valueN)
```

上述语句可以创建结构对象 StrArray，并将其 n 个字段分别赋值为 value1，value2，…，valueN。

在命令行窗口输入：

```
>> Exam(2)=struct('name','liuli','age',31,'height',171,'weight',139)

Exam =
```

```
    1×2 struct array with fields:
        name
        age
        height
        weight
```

在命令行窗口输入：

```
>> Exam(1) % 结构体第一个元素没有赋值，故所有字段均为空数组

ans =

    struct with fields:
        name: []
         age: []
      height: []
      weight: []
```

💡 提示：在进行字段赋值操作时，没有明确赋值的字段，MATLAB 默认赋值为空数组。通过圆括号索引字段赋值，还可以创建任意尺寸的结构体。注意，同一个结构体中的所有结构体具有相同的字段组合。

2.2.5 单元数组

单元数组（Cell Arrays）是一种广义矩阵。每一个单元可以包括一个任意数组，如字符串数组、结构体数组或另外一个单元数组，因而一个单元可以具有不同的尺寸和内存占用空间。

1．创建单元数组

单元数组的创建有两种方法：通过赋值或 cell 函数创建。

（1）使用赋值语句创建：使用花括号"{ }"来创建，使用逗号","或空格分隔单元，使用分号";"来分行。

（2）使用 cell 函数创建空单元数组。

【例 2-10】 单元数组的创建。

```
>> A={'MATLAB',[1;3;5];7,pi};B=cell(2,2);whos
  Name      Size            Bytes  Class    Attributes

  A         2x2               500  cel
  B         2x2                32  cell
```

提示：使用 cell 函数创建空单元数组可以为该单元数组预先分配连续的存储空间，提高执行效率。

2．访问单元数组

在单元数组中，单元和单元中的内容属于不同范畴，这意味着寻访单元和单元中的内容是两个不同的操作。MATLAB 为上述两种操作设计了相对应的操作对象：单元外标识（cell indexing）和单元内编址（content indexing）。

单元外标识使用圆括号进行操作，对于单元数组 C，C(m,n)指的是单元数组中第 m 行第 n 列的单元，而 C{m,n}指单元数组中第 m 行第 n 列的单元中的内容。

【例 2-11】 单元数组的访问。

```
>> A={'MATLAB',[1;3;5];7,pi}

A =

  2×2 cell array

    'MATLAB'      [3×1 double]
    [      7]     [    3.1416]

>> b=A(1,2),class(b),c=A{1,2},class(c)

b =

  cell

    [3×1 double]

ans = cell

c =

     1
     3
     5

ans = double
```

可以用 celldisp 函数来显示整个单元数组，如 celldisp(A)。还可以删除单元数组中的某个元素，如删除 A 的第 3 个元素，其命令如下：

```
>> A(3)=[]

A =

  1×3 cell array
    'MATLAB'    [7]    [3.1416]
```

单元数组 A 的第 3 个元素被删除后，A 变成行向量。

💡 提示：这里是 A(3)，而不是 A{3}=[]，由访问单元数组的方法知，A{3}=[]是将 A 的第 3 个元素置为空矩阵，而不是删除它。

2.2.6 函数句柄

在 MATLAB 中，通过函数句柄可以实现函数的间接调用。

创建函数句柄需要使用到操作符@，对 MATLAB 库函数中提供的各种 M 文件中的函数和使用者自己编写的程序中的函数，也可以创建函数句柄，进而通过函数句柄来实现对这些函数的间接调用。

创建函数句柄的一般格式为

```
Function_Handle=@Function_Filename;
```

其中，Function_Filename 是函数所对应的 M 文件的名称或 MATLAB 内部函数的名称；@是句柄创建操作符；Function_Handle 变量保存了这一函数句柄，并在后续的运算中作为数据流进行传递。

【例 2-12】 函数句柄的创建与调用。

```
>> f=@cos,x=[0 pi/4 pi/2 pi];f(x)

f =

  function_handle with value:

    @cos


ans =
    1.0000    0.7071    0.0000   -1.0000
```

2.3 数据类型的转换

MATLAB 提供了很多数据转换函数，使用起来很方便。

2.3.1 数值数据之间的类型转换

数值型数据之间进行类型转换，可直接使用类型函数，如 double(A)、int16(A) 和 uint32(A) 等（见表 2-1 和表 2-2）。

2.3.2 非负整数的进制转换

可以将非负整数（小于 2^{52}）在十进制、十六进制和二进制之间进行进制转换，只不过 MATLAB 是用字符串来存储十六进制和二进制的数据的。

【例 2-13】 整数的进制转换。

```
>> A=[10 100 1000 10000];
>> B=dec2hex(A)

B =

000A
0064
03E8
2710

>> C=dec2bin(A)

C =

00000000001010
00000001100100
00001111101000
10011100010000

>> D=hex2dec(B)

D =

          10
         100
        1000
       10000

>> whos
```

Name	Size	Bytes	Class	Attributes
A	1x4	32	double	
B	4x4	32	char	
C	4x14	112	char	
D	4x1	32	double	

2.3.3 数值型与字符型数据转换

常用的函数有 num2str、str2num 和 str2double 等。

【例 2-14】 数值型与字符型数据的转换。

```
>> A=num2str(123)          %将数字转换为字符数组

A =

123

>> B=str2num('100')        %将字符数组或字符串转换为数值数组

B =

    100

>> C=str2num('100abc')     %含非数字字符,所以 str2num 转换不成功,返回空数组

C =

     []

>> D=str2double('2.998e8') %将字符串转换为双精度值

D =

   299800000

>> E=str2double('1,200.3') %转换使用逗号作为千位分隔符的字符向量

E =
```

```
            1.2003e+03

>> whos
    Name      Size            Bytes   Class      Attributes

    A         1x3                 6   char
    B         1x1                 8   double
    C         0x0                 0   double
    D         1x1                 8   double
    E         1x1                 8   double
```

2.3.4 单元数据与其他数据类型转换

MATLAB 提供了 num2cell、mat2cell、cell2mat、struct2cell 和 cell2struct 等函数来实现单元数据与其他数据类型的转换。

【例 2-15】 数值数据与单元数据转换。

```
>> A=[1,3,5;2,4,6]

A =

     1     3     5
     2     4     6

>> B=num2cell(A)     %默认是一一转换,即 A 与 B 同维,每一个元素单独转成单元数组元素

B =

  2×3 cell array

    [1]    [3]    [5]
    [2]    [4]    [6]

>> C=num2cell(A,1)   %表示按维的方向转换,1 表示按列,2 表示按行,3 表示按页

C =

  1×3 cell array

    [2×1 double]    [2×1 double]    [2×1 double]
```

```
>> C{3}                    %A 中的第 3 列转成了 C 中的第 3 个单元

ans =
    5
    6
```

【例 2-16】 矩阵与单元数据的转换。

```
>> A=fix(rand(3,5)*10)

A =
    0    6    3    7    0
    8    7    6    0    0
    9    7    1    2    8

>> B=mat2cell(A,[1 2],[3 2])   %第一个[]表示将行拆分为第 1 行为一组，后 2 行为一组

B =                             %第二个[]表示将列拆分为前 3 列为一组，后 2 列为一组

  2×2 cell array

    [1×3 double]    [1×2 double]
    [2×3 double]    [2×2 double]

>> B{1}

ans =
    0    6    3

>> C=cell2mat(B(2,1))

C =
    8    7    6
    9    7    1
```

```
>> C1=B{2,1}

C1 =

     8     7     6
     9     7     1
```

💡 提示：C1=B{2,1} 与 C=cell2mat(B(2,1))等价。前者表示将 B 中第 2 行第 1 列的单元数据内容赋值给 C1，此处的单元数据内容是一个矩阵；后者相当于先找到 B 中第 2 行第 1 列的单元数据，然后将其转换成矩阵。

习题 2

1. 下列可作为 MATLAB 合法变量名的是（　　）。
   A. 小明　　　　　B. @hubei　　　　C. 365　　　　D. edu_3n
2. 下面属于 MATLAB 中预定义的特殊变量是（　　）。
   A. eps　　　　　B. none　　　　　C. zero　　　　D. exp
3. 下列数值数据表示错误的是（　　）。
   A. NAN　　　　B. 2pi　　　　　　C. 3.6i　　　　D. 99
4. 输入字符时，要用（　　）将字符括起来。
   A. [ ]　　　　　B. { }　　　　　　C. ' '　　　　　D. " "
5. 计算 eval('sqrt(9)+2i')的值为（　　）。
   A. sqrt(9)+2i'　　B. 3.0000 + 2.0000i　　C. 3　　　　D. 3，2i
6. 如果计算结果为 9.8909e-12，其含义为_____。
7. 在命令行中输入指令：a=1/3，显示结果为：a=0.3333。如何让变量 a 输出为有理数 1/3_____。
8. 在 MATLAB 程序中，引导注释行的符号是_____。
9. ceil(-8.9)等于_____。
10. 在 MATLAB 中，Inf 的含义是_____，NaN 的含义是_____。

第3章
数组、矩阵及其处理

虽然数组与矩阵在外观和数据结构上没有区别，但它们是两个完全不同的概念，运算方法也不一样。由于矩阵运算中部分运算规则和数组运算一样，为方便阅读，对于可同时用于数组和矩阵的运算，本章将使用"数组运算"代替"数组与矩阵运算"；对于矩阵特有的运算，则使用"矩阵运算"表示。

3.1 数组的创建

3.1.1 数组的创建

创建数组的常用方法有三种：直接输入法、冒号表达式法、linspace 函数采样法。

1. 直接输入法

将数组的元素用中括号括起来，按数组行的顺序输入各元素，同一行各元素之间用逗号或空格分隔，不同行的元素之间用分号分隔，也称"全元素"赋值法。

【例 3-1】 直接输入法创建数组。

```
>> A=[1 3 5;2 4 6;3 5 7]      %用空格分隔同一行的数据

A =

     1     3     5
     2     4     6
     3     5     7

>> B=[1,0;0,1]                %用逗号分隔同一行的数据

B =

     1     0
     0     1
```

2. 冒号表达式法

冒号表达式法只能生成一维数组，其格式为

$$x = a : step : b$$

其中，数组 x 的第一个元素是 a，步长为 step，最后一个元素为 b。step 的默认值为 1，如果 step 是正数，则必须满足 $a < b$；如果 step 是负数，则必须满足 $a > b$。

【例 3-2】 冒号表达式法创建一维数组。

```
>> C=1:2:8
```

```
C =

    1    3    5    7

>> D=1:8    %省略 step,默认为 1

D =

    1    2    3    4    5    6    7    8
```

3．linspace 函数采样法

linspace 函数采样法是在确定元素总个数的条件下，通过均匀采样生成一维数组，其格式为

$$x = \text{linspace}(a, b, n)$$

其中，a 和 b 分别表示 x 的第一个和最后一个元素，n 表示 x 中的元素个数。

【例 3-3】 linspace 函数采样法创建一维数组。

```
>> x=linspace(1,8,6)

x =

    1.0000    2.4000    3.8000    5.2000    6.6000    8.0000
```

3.1.2 特殊数组

在实用应用中，用户经常需要产生一些特殊形式的数组。MATLAB 提供了许多生成特殊数组的函数。表 3-1 列出了常用的特殊数组函数。

表 3-1 常用特殊数组函数

函数名	功能
ones	全部元素都为 1 的数组
zeros	全部元素都为 0 的数组
eye	单位数组
rand	元素服从 0 和 1 之间均匀分布的随机数组
randn	产生均值为 0、方差为 1 的标准正态分布随机数组

【例 3-4】 利用函数生成特殊数组。

```
>> A=ones(2,3)

A =

    1    1    1
    1    1    1

>> B=zeros(2,3)

B =

    0    0    0
    0    0    0

>> C=eye(2)

C =

    1    0
    0    1

>> D=20+(50-20)*rand(2,4)    %在区间[20,50]内均匀分布的随机数组

E =

   21.3851   44.7037   29.5130   21.0334
   22.9140   40.8449   48.5067   33.1623

>> E=0.5+sqrt(0.1)*randn(2,4) %均值为0.5,方差为0.1的标准正态分布随机数组

F =

    0.4236    0.5989    0.4905    0.6985
    0.6009    0.2265    0.4479    0.8457
```

💡 提示：已知 x_i 满足在(0,1)区间的均匀分布，要得到在任意[a,b]区间上均匀分布的随机数 y_i，只需要用 $y_i = a+(b-a)x_i$ 计算即可 。

已知 x_i 为满足均值为 0，方差为 1 的标准正态分布，要得到均值为 μ，方差为 σ^2 的随机

数 y_i，只需要用 $y_i = \mu + \sigma x_i$ 计算即可。

3.1.3 数组的大小

可以用表 3-2 中的函数获得数组的大小和元素的个数信息。

表 3-2 获得数组大小和元素个数的函数

函数名	功能	函数名	功能
size	返回数组的维数	numel	返回数组中的元素个数
length	返回数组的最大维数		

【例 3-5】 数组的大小。

```
>> A=[1 3 5;2 4 6]

A =
     1     3     5
     2     4     6

>> [m,n]=size(A)    %若已知 A 是二维的,可以用[m,n]分别得到 A 的行数和列数

m =
     2

n =
     3

>> e=size(A)    %若不知 A 是多少维时,可用这种形式,e(1)是行,e(2)是列,e(3)是页

e =
     2     3

>> f=length(A)    %返回 A 中最大的维数

f =
     3

>> t=numel(A)    %返回 A 中元素的个数
```

```
t =
     6
```

3.1.4 数组的访问

1．通过下标法来访问数组的元素

以二维数组 A 为例，下标法就是用 A（x,y）表示 A 中第 x 行第 y 列的元素。

【例 3-6】 使用下标法访问数组元素。

```
>> A=[1,2,3;7,8,9];
>> A(2,2)=5          %用下标法访问 A 中第 2 行第 2 列的元素并将 5 赋值给该元素

A =
     1     2     3
     7     5     9
```

2．通过索引（序号）法来访问数组的元素

在 MATLAB 中，数组以及矩阵元素按列的方式存储，即首先从上到下存储数组的第 1 列元素，然后从上到下存储第 2 列元素……一直到数组的最后 1 列元素。数组元素的索引号（序号）就是数组元素在内存中的排列顺序。

【例 3-7】 索引法访问数组元素。

```
>> A=[1,2,3;7,8,9]    %元素 2 在数组中存储排序为 3，所以 A(3)取出 2

A =
     1     2     3
     7     8     9

>> A(3)

ans =
     2
```

3.1.5 数组的组合、扩充、拆分与重组

有时需要将已有的数组组合成新的或更大的数组。此时，只需将原有的数组看成新数组的元素，即可用直接输入法生成新的数组。

1．数组的组合

【例 3-8】 数组的组合。

```
>> x=[0 2 4];
>> A=[x,x/2+1;x*2-1,x]    %下面运行结果中横向、纵向虚线仅为帮助理解,实际运行结果中不
                            会出现,其他实例相同
A =

    0    2    4  |  1    2    3
   ---------------|---------------
   -1    3    7  |  0    2    4
```

2. 数组的扩充与收缩

在 MATLAB 中,数组的维数是动态变化的,只要给出的下标大于原来的数组维数,数组将自动进行扩充,并将扩充后未赋值的数组元素置为 0。

【例 3-9】 数组的扩充。

```
>> A=[1,2,3;7,8,9];A(4,5)=5

A =
    1    2    3    0    0
    7    8    9    0    0
    0    0    0    0    0
    0    0    0    0    5
```

在 MATLAB 中,[ ]表示空数组,即元素个数为 0 的数组。可以使用空数组从数组中去除若干行(列),只要将这些行(列)赋值为空数组即可。

【例 3-10】 数组的收缩。

```
>> A=rand(4,5)

A =
    0.8147    0.6324    0.9575    0.9572    0.4218
    0.9058    0.0975    0.9649    0.4854    0.9157
    0.1270    0.2785    0.1576    0.8003    0.7922
    0.9134    0.5469    0.9706    0.1419    0.9595

>> A(3,:)=[]   %删除 A 中第 3 行。":"表示所有,此处为第 3 行的所有列

A =
    0.8147    0.6324    0.9575    0.9572    0.4218
    0.9058    0.0975    0.9649    0.4854    0.9157
    0.9134    0.5469    0.9706    0.1419    0.9595
```

3．数组的拆分

在 MATLAB 中，可以从数组中取出子数组，然后进行运算或赋值。子数组既可以是 1×1 的，也可以是多维的。

读取 1×1 的子数组很简单，直接利用下标法或索引法即可实现。读取多维的子数组也可以采用类似的方法，其格式为

$$B=A([若干行],[若干列]) \text{ 或 } B=A([索引号1，索引号2\cdots])$$

其含义是从 A 中取出若干行和若干列，把它们组成新的数组 B。若要取出连续行（列）时，可用 i:i+m 表示从第 i 行（列）到第 i+m 行（列）；当需取出全部行（列）时，用 ":" 即可。

【例 3-11】 子数组的获取。

```
>> A=fix(rand(4,6)*10)     %通过随机数组放大并取整，赋值给 A

A =

     8     6     9     9     4     6

     9     0     9     4     9     0

     1     2     1     8     7     8

     9     5     9     1     9     9
```

```
>> B1=A([2 4],:)    %取 A 中第 2 行、第 4 行的全部（所以列下标用 ":"）
```

结果如下表左侧（右侧为取值示意图）：

B1 =							8	6	9	9	4	6
9	0	9	4	9	0		9	0	9	4	9	0
9	5	9	1	9	9		1	2	1	8	7	8
							9	5	9	1	9	9

```
>> B2=A(1:3,4)    %取 A 中第 1~3 行且列取第 3 列
```

B2 =

    9

    4

    8

```
>> B3=A([1 4],1:2:6)    %取 A 中第 1 行、第 4 行且列取第 1 列、第 3 列、第 5 列
```

B3 =

    8   9   4

    9   9   9

```
>> B4=A(10:-3:1)    %按索引号取 A 中第 10~第 1,且步长为-3 的元素
```

B4 =

    9   2   9   8

```
>> B5=A(2:4,4:end)    %取 A 中 2~4 行且取 4 到最后列（end）的元素
```

B5 =

    4   9   0

    8   7   8

    1   9   9

```
>> B6=A([1 3 5 7 9 19 6 3]) %按索引号取 A 中若干元素,元素可重复取
```

B6 =

    8   1   6   2   9   7

    0   1

```
>> B7=find(A>3&A<6)    %按索引号获取A中大于3且小于6的元素所在的位置
```

B7 =
8
14
17

8	6	9	9	4	6
9	0	9	4	9	0
1	2	1	8	7	8
9	5	9	1	9	9

```
>> A(B7)=0    %将A中大于3且小于6的元素赋值为0,注意,此结果基于前面命令
```

A =					
8	6	9	9	0	6
9	0	9	0	9	0
1	2	1	8	7	8
9	0	9	1	9	9

8	6	9	9	4	6
9	0	9	4	9	0
1	2	1	8	7	8
9	5	9	1	9	9

4．数组的重组

在保持原数组维数不改变的情况下，重新排列数组，即数组从原来的 $m_1 \times n_1$ 维重组为 $m_2 \times n_2$ 维，且 $m_1 \times n_1 = m_2 \times n_2$。

【例 3-12】 数组的重组。

```
>> A=linspace(5,20,6)

A =

     5     8    11    14    17    20

>> A=reshape(A,2,3)

A =

     5    11    17
     8    14    20

>> B=reshape(A,3,2)

B =
```

```
    5   14
    8   17
   11   20
```

💡 注意：reshape 函数只是改变原数组的行数和列数，但不改变原数组的元素个数以及其存储顺序。

3.2 数组的运算

数组的运算主要有关系运算、逻辑运算、四则运算等。

3.2.1 关系运算

MATLAB 主要有 6 个关系运算符，如表 3-3 所示。

表 3-3 MATLAB 关系运算符

关系运算符	说　明	函　数
==	等于	eq(A,B)
~=	不等于	ne(A,B)
>=	大于等于	ge(A,B)
>	大于	gt(A,B)
<=	小于等于	le(A,B)
<	小于	lt(A,B)

【例 3-13】 比较两个数组的大小。

```
>> A=magic(3)

A =

     8     1     6
     3     5     7
     4     9     2

>> B=10*rand(3)

B =
```

```
    7.5469    6.5510    4.9836
    2.7603    1.6261    9.5974
    6.7970    1.1900    3.4039
```

```
>> C=(A>B) %数组 A 和 B 中对应元素一一比较，也可用 C=gt(A,B))

C =

  3×3 logical array

   1   0   1
   1   1   0
   0   1   0
```

3.2.2 逻辑运算

MATLAB 提供了 3 种常用的逻辑运算符：&（与）、|（或）、~（非）；还提供了 4 个逻辑运算函数：and(a,b)、or(a,b)、not(a)和 xor(a,b)，分别代表与、或、非、异或运算。

在逻辑运算中，非零元素为真，用 1 表示；零元素为假，用 0 表示。设参与逻辑运算的是两个标量 a 和 b，则逻辑运算的含义如下：

（1）a&b 或函数 and(a,b)：当 a、b 全为非零时，结果为 1，a、b 只要有一个为零则结果为 0。

（2）a|b 或函数 or(a,b)：当 a、b 中只要有一个非零，结果为 1，a、b 全为零时结果为 0。

（3）~a 和函数 not(a)：当 a 是零时，结果为 1；当 a 是非零时，结果为 0。

（4）函数 xor(a,b)：当 a、b 的值不同时，结果为 1；当 a、b 的值相同时，结果为 0。

逻辑运算还有以下运算法则。

（1）若参与逻辑运算的是两个同型数组，那么运算将对数组相同位置上的元素按标量规则逐个进行。最终运算结果是一个与原数组同型的数组，其元素由 1 或 0 组成。

（2）若参与逻辑运算的一个是标量，一个是数组，那么运算将在标量与数组中的每个元素之间按标量规则逐个进行。最终运算结果是一个与数组同型的数组，其元素由 1 或 0 组成。

（3）逻辑非是单目运算符，也服从数组运算规则。

此外，逻辑运算函数还有 all（全非 0）、any（有非 0）等。

【例 3-14】 逻辑运算符。

```
>> A=[1 2 3;2 0 1];B=[0 1 3;1 2 3];
>> C=A&B

C =

  2×3 logical array
```

```
     0    1    1
     1    0    1
```

```
>> D=all(C,1)

D =

  1×3 logical array

   0   0   1

>> E=any(C,2)

E =

  2×1 logical array

   1
   1
```

> 提示：all(A,dim)中的 dim 表示沿其运算维度。以一个二维输入数组 A 为例：all(A,1) 对 A 中列的连续元素进行处理并返回逻辑值行向量。all(A,2) 对 A 中行的连续元素进行处理并返回逻辑值列向量。any(A,dim)中的 dim 也一样。

3.2.3 数组的四则运算

数组的加、减、乘、除运算符分别为 +、−、.*、./。进行运算时，采用对应位置上的元素相运算。因此，参与运算的两个数组 A 和 B 的维数必须相同。若 A、B 中有一个是标量，则该标量和数组中的所有元素分别进行运算。除法运算符除了"./"还有".\"。A./B 表示 A 是被除数，A.\B 表示 B 是被除数。

数组的乘方运算用".^"表示。

【例 3-15】 数组的四则运算。

```
>> A=round(rand(2,3).*10)

A =

     8    1    6
     9    9    1

>> B=[0 1 3;1 2 3];
```

B =

    0   1   3
    1   2   3

>> C1=A+B

C1 =

    8   2   9
   10   11   4

>> C2=A-B

C2 =

    8   0   3
    8   7   -2

>> C3=A.*B

C3 =

    0   1   18
    9   18   3

>> C4=A./B

C4 =

      Inf   1.0000   2.0000
   9.0000   4.5000   0.3333

>> C5=A.\B

C5 =

        0   1.0000   0.5000
   0.1111   0.2222   3.0000

>> C6=A.^2

C6 =

```
      64     1    36
      81    81     1

>> C7=A+6

C7 =

      14     7    12
      15    15     7
```

3.3 矩阵的运算

矩阵来自线性代数，作为一种数学变换，它有着严格的运算规则。

3.3.1 加减运算

矩阵的加减运算和数组的加减运算一样，都是对应位置上的元素之间相加减，这里不再讲解。

3.3.2 乘法运算

矩阵的乘法运算符为"*"。在 MATLAB 中，可以进行矩阵相乘、数乘、点乘等运算。

1. 矩阵相乘

矩阵相乘的形式为 $C = A*B$。在数学上，只有当矩阵 A 的列数与矩阵 B 的行数相等时，$A*B$ 才有意义。矩阵相乘采用线性代数中矩阵乘法的运算规则，即 A 中各行元素，分别与矩阵 B 的各列元素对应相乘并相加。

【例 3-16】 两矩阵相乘。

```
>> A=[8 1 6;9 9 1];       %A 为 2×3 维
>> B=[3 3;1 2;0 1];       %B 为 3×2 维
>> C=A*B

C =

      25    32
      36    46

>> A*C                    %A 的列数不等于 C 的行数，不满足矩阵运算维度要求，出错
Error using  *
```

Inner matrix dimensions must agree.

2. 矩阵数乘

矩阵数乘的形式为 $C = A*b$，其中，b 为标量。数乘运算是将 b 与 A 中所有元素相乘，故有 $A*b = b*A$。

【例 3-17】 矩阵的数乘。

```
>> A=[8 1 6;9 9 1];
>> B=A*3

B =

    24     3    18
    27    27     3

>> isequal(A*3,3*A)    %使用 isequal 函数比较两个矩阵是否相等，相等则返回逻辑 1

ans =

  logical

   1
```

3. 矩阵点乘

在 MATLAB 中，矩阵的点乘与数组的点乘相同，此处不再介绍。

3.3.3 除法运算

矩阵除法是矩阵乘法的逆运算，在 MATLAB 中有两种矩阵除法运算："右除/"和"左除\"。

矩阵除法可用来求解线性方程组，如 $A*X = B$，则 $X = A \backslash B$。

【例 3-18】 用矩阵除法求解线性方程组 $\begin{cases} x_1 + 2x_2 + 3x_3 = 366 \\ 4x_1 + 5x_2 + 6x_3 = 804 \\ 7x_1 + 8x_2 = 351 \end{cases}$。

```
>> A=[1,2,3;4,5,6;7,8,0],b=[366;804;351]

A =

     1     2     3
     4     5     6
```

```
          7     8     0

b =
     366
     804
     351

>> x=A\b

x =
    25.0000
    22.0000
    99.0000
```

3.4 特殊矩阵

3.4.1 通用的特殊矩阵

常用的产生通用特殊矩阵的函数有 zeros、ones、eye、rand 等,在 3.1.2 节已经介绍过,这里不再详述。

3.4.2 专门学科的特殊矩阵

1. 魔方矩阵

魔方矩阵是每行、每列及两条对角线上的元素和都相等的矩阵。对于 n 阶魔方矩阵,其元素由 1、2、3、…、n^2 共 n^2 个整数组成,每行、每列及两条对角线上的元素和都等于 $n(n^2+1)/2$。MATLAB 提供函数 magic(n),可用于生成 n 阶魔方矩阵。

【例 3-19】 生成魔方矩阵。

```
>> A=magic(3)

A =
     8     1     6
     3     5     7
     4     9     2

>> B=29+magic(4)        % 生成每行每列及对角线之和为 150 的魔方阵
```

B =

45	31	32	42
34	40	39	37
38	36	35	41
33	43	44	30

2．范德蒙矩阵

范德蒙（Vandermonde）矩阵的一般形式为

$$A = \begin{bmatrix} a_1^{n-1} & \cdots & a_1^2 & a_1 & 1 \\ a_2^{n-1} & \cdots & a_2^2 & a_2 & 1 \\ a_3^{n-1} & \cdots & a_3^2 & a_3 & 1 \\ \vdots & \ddots & \vdots & \vdots & \vdots \\ a_n^{n-1} & \cdots & a_n^2 & a_n & 1 \end{bmatrix}$$

范德蒙（Vandermonde）矩阵是法国数学家范德蒙提出的一种特殊矩阵。范得蒙矩阵的最后一列全为 1，即向量 V 各元素的零次方，倒数第二列为指定的向量 V，即向量 V 各元素的一次方，其他各列是其后列与倒数第二列的点乘积。

MATLAB 中，提供函数 vander(V) 生成以向量 V 为基础向量的范德蒙矩阵。

【例 3-20】 生成范德蒙矩阵。

```
>> A=vander([1;3;5;7])

A =

     1     1     1     1
    27     9     3     1
   125    25     5     1
   343    49     7     1
```

3．希尔伯特矩阵

希尔伯特（Hilbert）矩阵是一种数学变换矩阵，其每个元素为

$$h_{ij} = \frac{1}{i+j-1}$$

希尔伯特矩阵是著名的病态矩阵，即任何一个元素发生较小的变动，整个矩阵的值和其逆矩阵都会发生很大变化。病态程度和矩阵的阶数相关，随着阶数的增加病态越严重。在 MATLAB 中，提供函数 hilb(n) 生成 n 阶希尔伯特矩阵，提供函数 invhilb(n) 求 n 阶希尔伯特

矩阵的逆矩阵。

【例 3-21】 求 4 阶希尔伯特矩阵及其逆矩阵。

```
>> format rat      %设置输出格式为有理数形式
>> H=hilb(4)

H =

     1        1/2      1/3      1/4
     1/2      1/3      1/4      1/5
     1/3      1/4      1/5      1/6
     1/4      1/5      1/6      1/7

>> H1=invhilb(4)

H1 =

      16     -120      240     -140
    -120     1200    -2700     1680
     240    -2700     6480    -4200
    -140     1680    -4200     2800

>> format            %设置输出格式为默认
```

4．帕斯卡矩阵

由二项式定理，$(x+y)^n$ 展开后的系数随着 n 的增大形成一个三角形表，称为杨辉三角形，如图 3-1 所示。

```
                          1
                        1   1
                      1   2   1
                    1   3   3   1
                  1   4   6   4   1
                1   5  10  10   5   1
              1   6  15  20  15   6   1
            1   7  21  35  35  21   7   1
          1   8  28  56  70  56  28   8   1
        1   9  36  84 126 126  84  36   9   1
      1  10  45 120 210 252 210 120  45  10   1
    1  11  55 165 330 462 462 330 165  55  11   1
  1  12  66 220 495 792 924 792 495 220  66  12   1
...
```

图 3-1 杨辉三角形

由杨辉三角形表组成的矩阵称为帕斯卡矩阵。帕斯卡矩阵的第一行元素和第一列元素都为1，其余位置的元素是该元素的左边元素与上面元素相加，即 $P(i,j)=P(i,j-1)+P(i-1,j)$，且 $P(i,1)=1$，$P(1,j)=1$。在 MATLAB 中，提供函数 pascal(n) 生成 n 阶帕斯卡矩阵。

【例3-22】 生成帕斯卡矩阵。

```
>> pascal(5)          %次对角线上的元素1、4、6、4、1即为5阶二次项展开的系数

ans =

     1     1     1     1     1
     1     2     3     4     5
     1     3     6    10    15
     1     4    10    20    35
     1     5    15    35    70
```

3.5 矩阵的变换

矩阵变换是指对一个矩阵进行某种运算与处理，其结果还是一个矩阵。矩阵变换包括求矩阵的对角阵与三角阵、矩阵的转置与旋转、求逆矩阵等。

3.5.1 对角阵与三角阵

1．对角阵

只有对角线有非0元素的矩阵称为对角阵，对角线上的元素相等的对角阵称为数量矩阵，对角线上的元素都为1的对角阵称为单位矩阵。在研究矩阵时，有时需要将矩阵对角线上的元素提取出来形成一个列向量，而有时又需要用一个向量构造一个对角阵。MATLAB 中，提供函数 diag 来创建对角阵或获取矩阵的对角元素。语法格式如下：

D=diag(v)：生成主对角线元素为向量 v 的元素的对角阵。

D=diag(v,k)：生成第 k 条对角线元素为向量 v 的元素的对角阵。其中，k=0，表示主对角线，与上面一种情况等同；k>0，位于主对角线上方第 k 条；k<0，位于主对角线下方第 k 条。

X=diag(A)：返回由矩阵 A 主对角线元素组成的列向量。

X=diag(A,k)：返回由矩阵 A 的第 k 条对角线元素组成的列向量。

【例3-23】 创建对角阵或获取矩阵的对角元素。

```
>> D=diag([2,1,-1,-2])          %创建主对角线为给定向量的对角阵

D =
```

```
     2     0     0     0
     0     1     0     0
     0     0    -1     0
     0     0     0    -2

>> D1=diag([2,1,-1,-2],-1)      %创建主对角线下方第1条对角线为给定向量的对角阵

D1 =

     0     0     0     0     0
     2     0     0     0     0
     0     1     0     0     0
     0     0    -1     0     0
     0     0     0    -2     0

>> A=[-5 -3 -1;1 3 5]

A =

    -5    -3    -1
     1     3     5

>> X=diag(A)                    %提取矩阵A主对角线，产生与矩阵最小维数相同的列向量

X =

    -5
     3

>> X1=diag(A,1)                 %提取矩阵A主对角线上方第1条对角线，形成列向量

X1 =

    -3
     5

>> X2=diag(A,-1)                %提取矩阵A主对角线下方第1条对角线，形成列向量

X2 =
```

1

2．三角阵

三角阵分上三角阵和下三角阵。上三角阵是指矩阵的主对角线以下的元素全为 0 的一种矩阵，而下三角阵则是主对角线以上的元素全为 0 的一种矩阵。

对于上三角阵，在 MATLAB 中，提供函数 triu 来创建上三角阵。语法格式如下：

B=triu(A)：提取矩阵 A 的上三角部分元素，形成新的矩阵 U。

B=triu(A,k)：提取矩阵 A 的第 k 条对角线及以上部分元素，形成新的矩阵 U。

【例 3-24】 用函数 triu 提取元素生成上三角阵。

```
>> A=ones(4);
>> B=triu(A)

B =

     1     1     1     1
     0     1     1     1
     0     0     1     1
     0     0     0     1

>> B1=triu(A,1)

B1 =

     0     1     1     1
     0     0     1     1
     0     0     0     1
     0     0     0     0
```

对于下三角阵，在 MATLAB 中，提供函数 tril(A) 和 tril(A,k) 来提取矩阵 A 的元素形成下三角阵，其用法与上三角函数 triu(A) 和 triu(A,k) 完全相同。

3.5.2 矩阵的转置、旋转与翻转

1．矩阵的转置

矩阵的转置，是将源矩阵的第 1 行变成目标新矩阵的第 1 列，第 2 行变成新矩阵的第 2 列……以此类推。一个 $m \times n$ 矩阵经过转置后，变成一个 $n \times m$ 矩阵。设 A 为 $m \times n$ 矩阵，则其转置矩阵 B 的元素定义如下：

$$b_{ji} = a_{ij}(i=1,2,\cdots,m; j=1,2,\cdots,n)$$

转置运算符是小数点后面接单引号（.'），例如：

```
>> A=[-5 -3 -1;1 3 5];
>> B=A.'

B =

    -5     1
    -3     3
    -1     5
```

MATLAB 中，还提供了另外一种转置叫共轭转置，其运算符是单引号（'）。它在转置的基础上还要取每个元素的复共轭，即 B = A' 得到的 B 就是 A 的共轭转置矩阵。如果矩阵的元素都是实数，则转置和共轭转置结果是一样的。

【例 3-25】 矩阵的共轭转置。

```
>> A = [1-1i 2+2i;3+3i 4-4i]

A =

   1.0000 - 1.0000i   2.0000 + 2.0000i
   3.0000 + 3.0000i   4.0000 - 4.0000i

>> B = A'

B =

   1.0000 + 1.0000i   3.0000 - 3.0000i
   2.0000 - 2.0000i   4.0000 + 4.0000i
```

2．矩阵的旋转

MATLAB 中，提供函数 rot90 将矩阵按逆时针旋转 90 度。其具体语法如下：
B = rot90(A)：将矩阵 A 按逆时针旋转 90 度。
B = rot90(A,k)：将矩阵 A 按逆时针旋转 90*k 度，其中 k 为整数；k 为 1 时，可以省略，即等同于 B = rot90(A)。

【例 3-26】 矩阵的旋转。

```
>> A=(1:5)'

A =
```

```
         1
         2
         3
         4
         5

>> B=rot90(A)

B =

         1     2     3     4     5

>> A1=vander([1;3;5;7])        %生成4阶范德蒙矩阵

A1 =

         1     1     1     1
        27     9     3     1
       125    25     5     1
       343    49     7     1

>> B1=rot90(A1,2)              %将A1按逆时针旋转90×2度

B1 =

         1     7    49   343
         1     5    25   125
         1     3     9    27
         1     1     1     1
```

3．矩阵的翻转

MATLAB 提供两个相似函数 fliplr 与 flipud 分别对矩阵进行左右翻转和上下翻转。具体语法如下：

B = fliplr(A)：将矩阵从左向右翻转，即将原矩阵 A 的第 1 列与最后 1 列调换，第 2 列和倒数第 2 列调换……以此类推。

B = flipud(A)：将矩阵从上向下翻转，即将原矩阵 A 的第 1 行与最后 1 行调换，第 2 行与倒数第 2 行调换……以此类推。

【例 3-27】 矩阵的翻转。

```
>> A=magic(3)

A =

     8     1     6
     3     5     7
     4     9     2

>> B_l2r=fliplr(A)     %对矩阵 A 进行左右翻转

B_l2r =

     6     1     8
     7     5     3
     2     9     4

>> B_u2d=flipud(A)     %对矩阵 A 进行上下翻转

B_u2d =

     4     9     2
     3     5     7
     8     1     6
```

3.5.3 矩阵的逆与伪逆

1. 矩阵的逆

对于一个方阵 A，即行数（或）列数和列数（或）行数相等的矩阵，如果存在一个与其同阶的方阵 B，使得

$$A \cdot B = B \cdot A = I \quad (I \text{为单位矩阵})$$

则称 B 为 A 的逆矩阵，当然，A 也是 B 的逆矩阵。

求逆矩阵比较烦琐，容易出错，但在 MATLAB 中，用提供的 inv(A)函数可快速得到矩阵 A 的逆矩阵。

【例 3-28】求方阵的逆矩阵，并验证 A 与 A^{-1} 是互逆的。

```
>> A = [1 0 2; -1 5 0; 0 3 -9];
>> B=inv(A)

B =
```

```
         0.8824    -0.1176     0.1961
         0.1765     0.1765     0.0392
         0.0588     0.0588    -0.0980

>> A*B

ans =

    1.0000         0          0
    0.0000    1.0000          0
   -0.0000   -0.0000     1.0000

>> B*A

ans =

    1.0000   -0.0000    -0.0000
         0    1.0000    -0.0000
         0    0.0000     1.0000
```

可见 $A \cdot B = B \cdot A$，即 $A \cdot A^{-1} = A^{-1} \cdot A$，所以 A 与 A^{-1} 是互逆的。

提示：inv 使用浮点计算执行矩阵求逆，因此，实际上 A*B 接近但不完全等于单位矩阵 eye(size(A))。

2．求逆法求解线性方程组

将含 n 个未知数，由 n 个方程构成的线性方程组表示为

$$\begin{cases} a_{11}x_1 + a_{12}x_2 + \cdots + a_{1n}x_n = b_1 \\ a_{21}x_1 + a_{22}x_2 + \cdots + a_{2n}x_n = b_2 \\ \vdots \\ a_{n1}x_1 + a_{n2}x_2 + \cdots + a_{nn}x_n = b_n \end{cases}$$

其矩阵表示形式为

$$Ax = b$$

其中

$$A = \begin{bmatrix} a_{11} & a_{12} & \cdots & a_{1n} \\ a_{21} & a_{22} & \cdots & a_{2n} \\ \vdots & \vdots & \ddots & \vdots \\ a_{n1} & a_{n2} & \cdots & a_{nn} \end{bmatrix}, x = \begin{bmatrix} x_1 \\ x_2 \\ \vdots \\ x_n \end{bmatrix}, b = \begin{bmatrix} b_1 \\ b_2 \\ \vdots \\ b_n \end{bmatrix}$$

在线性方程组 $Ax = b$ 两边各左乘 A^{-1}，有

$$A^{-1} \cdot Ax = A^{-1} \cdot b$$

由于 $A \cdot A^{-1} = I$，故有

$$x = A^{-1} \cdot b$$

故通过求解系数矩阵 A 的逆矩阵，可求解线性方程组。

【例 3-29】 用求逆矩阵的方法解线性方程组 $\begin{cases} x_1 + 2x_2 + 3x_3 = 366 \\ 4x_1 + 5x_2 + 6x_3 = 804 \\ 7x_1 + 8x_2 = 351 \end{cases}$。

```
>> A=[1,2,3;4,5,6;7,8,0],b=[366;804;351]

A =

     1     2     3
     4     5     6
     7     8     0


b =

   366
   804
   351

>> x=inv(A)*b

x =

   25.0000
   22.0000
   99.0000
```

例 3-29 与例 3-18 结果相同。

3．矩阵的伪逆

如果矩阵 A 不是一个方阵，或者 A 是一个非满秩的方阵时，矩阵 A 没有逆矩阵，但可以找到一个与 A 的转置矩阵 A' 同型的矩阵 B，使得

$$A \cdot B \cdot A = A$$
$$B \cdot A \cdot B = B$$

则称矩阵 B 为矩阵 A 的伪逆，也称为广义逆矩阵。在 MATLAB 中，求一个矩阵伪逆的函数是 pinv(A)，例如：

```
>> A=fix(rand(3,4)*10)

A =

     0     6     0     7
     0     3     4     7
     8     9     3     1

>> inv(A)                          %矩阵不是方阵，用 inv 提示出错
Error using inv
Matrix must be square.

>> B=pinv(A)                       %使用 pinv 函数可以求出 B 的伪逆

B =

   -0.0573    0.0071    0.0721
    0.1025   -0.0776    0.0408
   -0.1731    0.1918    0.0306
    0.0550    0.0665   -0.0349
```

3.6 矩阵的求值

矩阵求值是指对矩阵进行某种运算后，其结果是一个数值，包括求矩阵的行列式的值、秩、迹、范数等。

3.6.1 方阵的行列式

将一个方阵看作行列式，并对其按行列式的规则求值，这个值就称为矩阵所对应的行列式的值。在 MATLAB 中，提供了求行列式值的函数 det。语法为：d = det(A)。

【例 3-30】 求行列式的值。

```
>> A = [1 -2 4; -5 2 0; 1 0 3]

A =
```

```
     1    -2    4
    -5     2    0
     1     0    3

>> D=det(A)                    %将 A 视为行列式,并求值

D =

    -32
```

3.6.2 矩阵的秩

矩阵中线性无关的行数与列数称为矩阵的秩。在 MATLAB 中,提供 rank(A)函数来求矩阵 A 的秩。

【例 3-31】 求矩阵的秩。

```
>> A=magic(3)

A =

     8     1     6
     3     5     7
     4     9     2

>> r=rank(A)

r =

     3
```

3.6.3 矩阵的迹

矩阵的迹是矩阵对角线之和,也等于矩阵的特征值之和。在 MATLAB 中,求矩阵的迹的函数是 trace(A)。

【例 3-32】 求矩阵的迹。

```
>> A=[2 2 3;4 5 -6;7 8 9]

A =

     2     2     3
     4     5    -6
```

```
                7       8       9

>> t=trace(A)

t =

        16
```

3.6.4 矩阵的特征值与特征向量

对于 n 阶方阵 A，求数 λ 和向量 ζ，使得等式 $A\zeta = \lambda\zeta$ 成立，满足等式的数 λ 称为 A 的特征值，而向量 ζ 称为 A 的特征向量。实际上，方程 $A\zeta = \lambda\zeta$ 和 $(A-\lambda I)\zeta = 0$ 是两个等价方程。要使方程 $(A-\lambda I)\zeta = 0$ 有非零解 ζ，必须使其系数行列式为 0，即 $|A-\lambda I|=0$。

特征值和特征向量在科学研究和工程计算中有广泛应用。在 MATLAB 中，提供函数 eig 来计算矩阵 A 的特征值和特征向量。常用的调用格式有三种。

（1）V = eig(A)：求矩阵 A 的全部特征值，构成向量 V。

（2）[X,D] = eig(A)：求矩阵 A 的全部特征值，构成对角阵 D，并产生矩阵 X，X 各列是相应的特征向量，满足 A·X = X·D。

（3）[X,D] = eig(A,'nobalance')：与第 2 种格式相似，但第 2 种格式中先对 A 作相似变换后求矩阵 A 的特征值和特征向量，而格式 3 直接求矩阵 A 的特征值和特征向量。

一个矩阵的特征向量有无穷多个，eig 函数中找出其中的 n 个，A 的其他特征向量均可由这 n 个特征向量的线性组合表示。

【例 3-33】 求矩阵的特征值和特征向量。

```
>> A=[1 2 0;0 5 0;1 3 1];
>> [X,D]=eig(A)

X =

         0    0.0000    0.3522
         0         0    0.7044
    1.0000   -1.0000    0.6163


D =

    1    0    0
    0    1    0
    0    0    5
```

习题 3

1. $A=[1,2,3]$,计算 A' 与 A 的积,并讨论 $A*B$ 与 $B*A$ 是否相等。
2. 创建(4×4)魔方矩阵和相应的随机矩阵。
(1)将两个矩阵拼接起来,然后提取任意两个列向量。
(2)求拼接矩阵的转置矩阵。
3. 利用"全元素"赋值法创建一个如下(4×4)阵:

$$\begin{bmatrix} -6 & -2 & 2 & 6 \\ -5 & -1 & 3 & 7 \\ -4 & 0 & 4 & 8 \\ -3 & 1 & 5 & 9 \end{bmatrix}$$

将其逆时针旋转270°,提取主对角线下第一条对角线以上部分。

4. 创建一个(4×5)随机矩阵,提取第一行和第二行中大于0.3的元素。
5. A=rand(3),B=magic(3),C=rand(4),试计算 A*B*C,观察结果,然后想办法让其可以执行运行。
6. 创建一个(5×5)矩阵,并求逆。如果将所述矩阵变为(5×6)矩阵,如何求逆?
7. 用两种方法求解线性代数方程组:

$$\begin{cases} 3x_1+5x_2+2x_3=16 \\ 7x_1+x_2+4x_3=19 \\ 6x_1+3x_2+2x_3=15 \end{cases}$$

8. 创建一个(1×5)随机矩阵 A,消去向量中大于0.76的元素,并计算 A 的 5 次方。

第 4 章
MATLAB 程序设计

MATLAB 命令有两种执行方式：一种是前面已经介绍并使用的命令执行模式，另一种是程序执行模式。命令执行模式是在命令行窗口中逐条输入命令，MATLAB 逐条解释执行。其特点是操作简单、直观，但速度慢，执行过程不便保留，当涉及反复进行的操作时，更加不便。程序执行模式是将有关命令编成程序存储在文件中，当运行该程序时，MATLAB 自动依次执行该文件中的命令，直到全部命令执行完成，且可以重复使用。这种模式具有速度快、执行过程可保留等便携特性，是实际应用中的主要执行方式。

4.1　M 文件

M 文件是由若干 MATLAB 命令组合在一起构成的程序，其扩展名为.m。它可以完成特定的操作，也可以实现某种算法。事实上，MATLAB 提供的内部函数及各种工具箱，都是利用 MATLAB 命令开发的 M 文件。

4.1.1　M 文件的创建与打开

M 文件是一个文本文件，可以用任何文本编辑器来建立和编辑，如系统自带的记事本、EmEditor、Notepad2 等，默认用 MATLAB 编辑器（Editor）打开并编辑。

创建 M 文件常用的方法有 3 种。

（1）在 MATLAB 主窗口，选择"主页"选项卡，在"文件"命令组中单击"新建脚本"命令按钮，如图 4-1 所示。

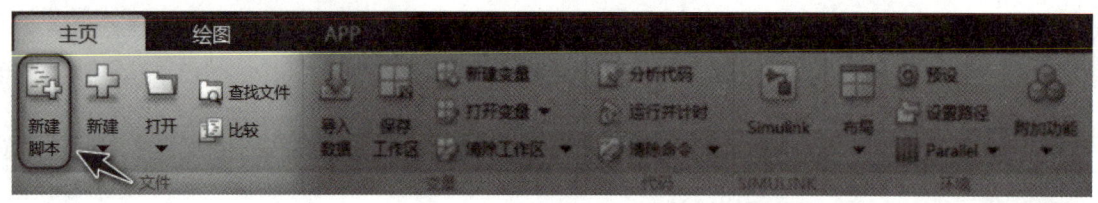

图 4-1　主菜单创建 M 文件

（2）在 MATLAB 命令行窗口中输入"edit"命令并按回车键，将新建空白 M 文件 Untitled.m，输入指令，点击"保存"即可。

（3）在命令行窗口按键盘"↑"方向键，调出"历史命令窗口"，选中或按住 Ctrl 键选择多条历史命令，然后点击鼠标右键，在弹出菜单中选择"创建脚本"命令，也可以启动 MATLAB 编辑器，创建含有选中命令的 M 文件。这种方法可以快捷地创建之前输入过的命令的 M 文件，如图 4-2 所示。

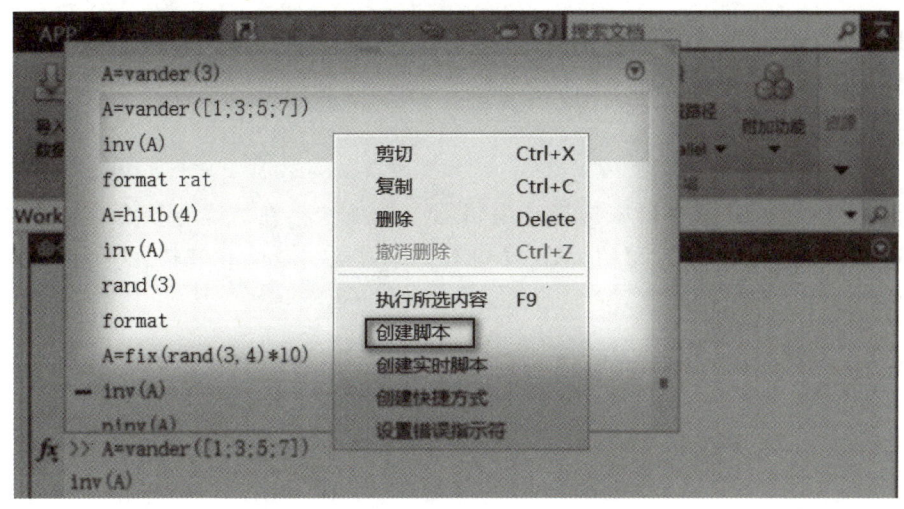

图 4-2　历史命令窗口创建 M 文件

4.1.2　M 文件分类

在 MATLAB 中，M 文件有两种类型：脚本（Script）文件和函数（Function）文件。脚本文件是将可执行程序语句放入 M 文件中，就像在命令行窗口那样，按其语句顺序及逻辑关系执行，即脚本文件是包含多条 MATLAB 命令的文件，故脚本文件也叫命令文件。函数文件一般是声明一个函数，方便以后在操作中调用。脚本文件和函数文件的扩展名均为.m。

脚本文件和函数文件的主要区别：

脚本文件：没有输入参数和输出参数，运行脚本文件实际上就是顺序执行脚本文件中的控制流，脚本文件适合小规模的运算。脚本文件中的变量都是全局变量。

函数文件：有输入参数和输出参数，由 function 引导，用户可以自己创建函数、调用函数，就像 MATLAB 内部函数一样使用。函数中的变量一般是局部变量，也可以声明全局变量。函数是 MATLAB 的主流编程方式。两者区别如表 4-1 所示。

表 4-1　脚本文件与函数文件的主要区别

对比项目	脚本文件	函数文件
输入、输出	没有输入参数，不返回输出参数	可以带输入参数，也可返回输出参数
变量操作	只操作基本工作空间变量（全局变量）	可操作基本工作空间变量和局部变量（全局变量需要 global 指定）
调用方式	直接运行	必须以函数调用方式调用

【例 4-1】　创建 M 文件将两个变量的值交换。

（1）创建脚本 M 文件并以文件名 swap.m 保存。

```
——— swap.m ———
clear
a=2:2:16;
```

```
b=rand(2,4);
c=a;a=b;b=c;
a
b
```

然后在 MATLAB 主窗口中选择"编辑器"选项卡，在"运行"命令组中单击"运行"命令按钮（也可直接在 MATLAB 命令行窗口中输入 swap 并按回车键），将会执行脚本文件。

```
clear
a=2:2:16;
b=rand(2,4);
c=a;a=b;b=c;
a
b
```

执行此脚本，不用输入参数，也没有输出参数，脚本文件中建立有自身需要的变量。执行完后，可用 whos 查看工作空间的变量，发现 a、b、c 依然保存在工作空间。

（2）创建函数 M 文件并以文件名 fswap.m 保存。

———— fswap.m ————
```
function [a,b]=fswap(a,b)
c=a;a=b;b=c;
```

然后在 MATLAB 命令窗口中调用该函数文件：

```
clear
x=2:2:16
y=rand(2,4)
[x,y]=fswap(x,y)
x =
    0.6787    0.7431    0.6555    0.7060
    0.7577    0.3922    0.1712    0.0318

y =
    2    4    6    8    10    12    14    16
```

调用此函数时，既有输入参数，也有输出参数。当函数调用完后，查看工作空间，可发现，输入参数 a、b、c 没有保存在工作空间，而输出参数 x、y 仍保留在工作空间。

4.2 程序控制结构

4.2.1 顺序结构

顺序结构是指按程序中语句的先后顺序依次执行，直到程序的最后一条语句执行完毕为止。它是最简单的一种程序结构，通常包括数据输入、数据处理和数据输出3个操作步骤，其中输入输出反映了程序的交互性，一般是一个程序必不可少的步骤，而数据处理即要进行的运算与操作，不同问题，需使用不同的语句来实现。

1．数据的输入

在 MATLAB 中提供函数 input 来实现从键盘读取输入的数据，其常用调用格式为

A=input(prompt);

其中，"prompt"为一个字符串，用于提示用户输入什么样的数据。例如，从键盘输入 A 矩阵，可以采用下面的语句来完成。

>> A=input('请输入 A 矩阵：');

执行该语句时，首先在屏幕上显示提示信息"请输入 A 矩阵："，然后等待用户从键盘按 MATLAB 规定的格式输入 A 矩阵的值。

【例 4-2】 输入函数 input 示例。

———— ex_input.m ————

x = input('请输入一个数：');
y = x*10

在命令行窗口中调用 ex_input.m 文件，将提示"请输入一个数："，然后等待用户输入，然后进行 input 语句后的操作。

>> ex_input
请输入一个数：20

y =

   200

此外，input 函数还接受表达式。例如，修改上面 ex_input.m 文件中 input 的提示信息为"请输入一个表达式："。

———— ex_input.m ————

x = input('请输入一个表达式：');
y = x*10

在提示下，输入 ones(3)：

```
>> ex_input
请输入一个表达式：ones(3)

y =

    10    10    10
    10    10    10
    10    10    10
```

2．数据的输出

MATLAB 中提供了输出函数 disp，其调用格式为

disp(x)

disp(x)显示变量 x 的值，而不打印变量的名称，其中变量 x 既可以是矩阵，也可以是字符串。此方法相对直接键盘输入变量名称的方法来说，优点是不显示前导"x="，且没有留空一行。

【例 4-3】 使用函数 disp 输出变量值。

```
>> A =[1 0 1;0 1 0];
S = 'Hello World.';
>> disp(A)
    1    0    1
    0    1    0

>> disp(S)
Hello World.
```

【例 4-4】 使用函数 disp 在同一行显示多个变量。

使用[]运算符将多个字符向量串联起来，使用 num2str 函数将任何数值转换为字符。使用 disp 显示结果。先建立脚本文件 muti_input.m：

```
———— muti_input.m ————
n = input('Name is：');    %输入字符串，注意带单引号
a = input('Year old：');
disp([n,' will be ',num2str(a),' this year.'])
```

在命令行中调用此脚本，提示后输入姓名（注意用单引号声明字符串）和年龄：

```
>> muti_input
Name is：'Kim'
Year old：10
Kim will be 10 this year.
```

3．程序的暂停

当程序运行时，为了查看程序的中间结果或观看输出的图形，有时需要暂停程序的执行。MATLAB 提供 pause 函数来实现程序的暂停，其调用格式为

```
pause(n)
```

暂停执行 n 秒，然后继续执行。如果省略参数 n，直接使用 pause，则将暂停程序，直到用户按任一键后程序继续执行。

若在程序执行过程中要强行中止程序的运行可按 Ctrl+C 键。

4.2.2 选择结构

选择结构又称分支结构，它根据给定的条件是否成立，决定程序的运行路线，在不同的条件下，执行不同的操作。MATLAB 用于实现选择结构的语句有 if 语句、swith 语句和 try 语句。

1．if 语句

在 MATLAB 中，if 语句有以下 3 种格式。

（1）单分支 if 语句，语句格式如下：

```
if 表达式
    语句组
end
```

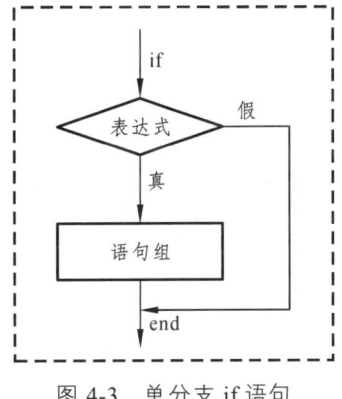

图 4-3　单分支 if 语句

其中，表达式一般用关系运算式或逻辑运算式来表示，也称条件表达式，其结果是标量或矩阵。当结果矩阵非空，且不包含零元素时，该条件成立，否则不成立。单分支语句的工作流程如图 4-3 所示。其执行过程如下：程序执行到该语句时，首先判断条件表达式的值，如果其值为真，则执行其后语句组，否则就跳过语句组，执行 end 后面的语句。

【例 4-5】　单分支 if 语句实例：判断是否要收税。

实例要求实现工资大于 5000 元，则给出需要交税的提示信息，否则不给出任何提示信息。先编写 if_tax.m 函数文件如下：

```
──────  if_tax.m  ──────
x=input('请输入您的工资：');
if x>5000
    disp('您需要交税。')
end
```

然后在命令行窗口中调用此 M 文件：

```
>> if_tax
请输入您的工资：7000
您需要交税。
>> if_tax
请输入您的工资：2800
```

（2）双分支 if 语句，语句格式如下：

```
if 表达式
    语句组 A
else
    语句组 B
end
```

双分支 if 语句的工作流程如图 4-4 所示。当程序执行到条件表达式语句时，首先判断表达式的值，如果其值为真，则执行其后语句组 A，否则就跳过语句组 A，执行 else 后面的语句组 B。

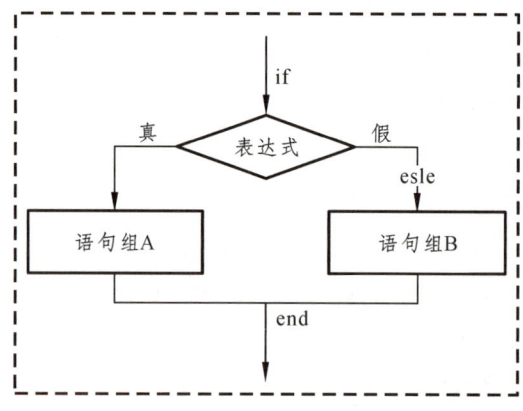

图 4-4　双分支 if 语句

【例 4-6】　双分支 if 语句实例：判断奇偶性。

实现从键盘输入一个数，来判断是奇数还是偶数。先编写 parity.m 函数文件如下：

```
——— parity.m ———
n=input('请输入 n 的值：');
if rem(n,2)==0
    disp([num2str(n),'为偶数 '])
else
    disp([num2str(n),'为奇数 '])
end
```

然后在命令行窗口中调用此 M 文件：

```
>> parity
```

请输入 n 的值：67
67 为奇数
>> parity
请输入 n 的值：86
86 为偶数

（3）多分支 if 语句，语句格式如下：

```
if 表达式 1
    语句组 1
elseif 表达式 2
    语句组 2
    ...
elseif 表达式 m
    语句组 m
else
    语句组 n
end
```

多分支 if 语句的工作流程如图 4-5 所示。语句中的 elseif 部分和 else 部分是可选的，只有前面的条件不成立，才会进行后面的条件判断。

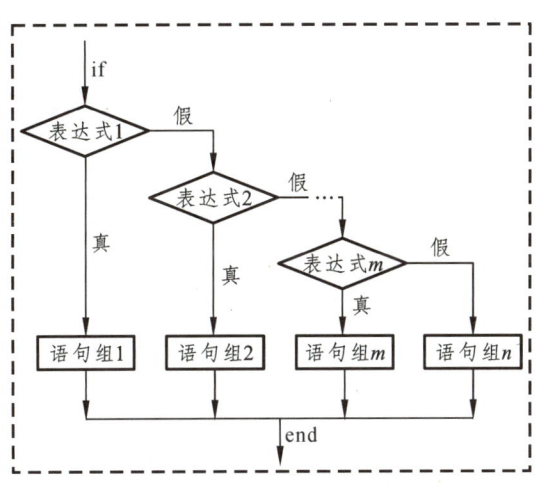

图 4-5　多分支 if 语句

【例 4-7】　多分支 if 语句实例：根据学生的分数，判断学生成绩所在的等级，其等级用优、良、中、差四级来表示。成绩在 90 分及以上为优，80～89 分为良，60～79 分为中，低于 60 分为差。

先编写 score_level.m 函数文件如下：

```
————— score_level.m —————
clear
```

```
cj=input('请输入学生成绩：');
if cj>100||cj<0
    disp('输入错误！')
elseif cj>=90
    disp('优')
elseif cj>=80&&cj<90
    disp('良')
elseif cj>60&&cj<80
    disp('中')
else
    disp('差')
end
```

然后在命令行窗口中调用此 M 文件：

```
>> score_level
请输入学生成绩：54
差
>> score_level
请输入学生成绩：78
中
>> score_level
请输入学生成绩：97
优
```

2．条件选择 switch 语句

在 MATLAB 中，条件选择 switch 语句格式如下：

```
switch 开关表达式
    case 结果表达式 1
        语句组 1
    case 结果表达式 2
        语句组 2
        …
    case 结果表达式 m
        语句组 m
    otherwise
        语句组 n
end
```

条件选择 switch 语句的工作流程如图 4-6 所示。在该结构中，开关表达式只能是标量或字符串，case 后面的表达式可以是标量、字符串、单元数组等。

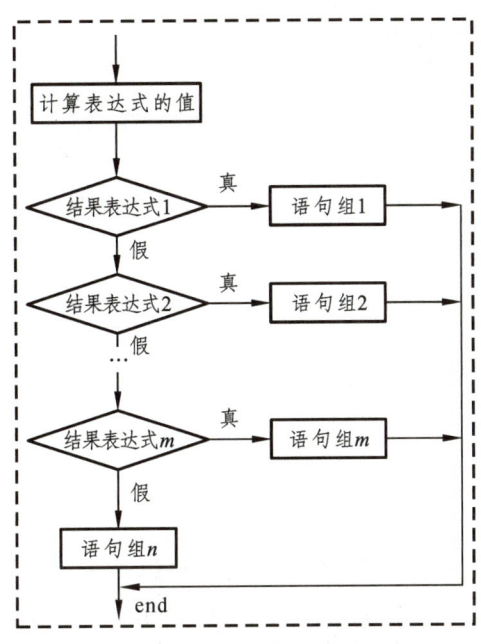

图 4-6 switch 语句

其执行过程：将开关表达式依次与 case 后面的表达式进行比较，如果表达式 1 不满足，则与下一个表达式 2 比较，如果都不满足则执行 otherwise 后面的语句组 n。一旦开关表达式与某个表达式相等，则执行其后面的语句组，该语句组执行结束，程序自动跳出 switch 结构，继续执行 end 语句后面的指令。若 case 子句后面的结果表达式为一个单元数组，则表达式的值等于该单元数组中的任意一个元素时，就执行相应的语句组。

【例 4-8】 条件选择 switch 语句实例：可以将例 4-7 判断学生的成绩等级改为用 switch 条件选择结构，实现将学生的成绩由百分制转换为等级制。

先编写 score_level_sw.m 函数文件：

```
———— score_level_sw.m ————
clear
cj=input('请输入学生成绩： ');
switch fix(cj/10),
    case{10,9}
        disp('优')
    case 8
        disp('良')
    case{7,6}
        disp('中')
    otherwise
        disp('差')
end
```

然后在命令行窗口中调用此 M 文件：

```
>> score_level_sw
请输入学生成绩：92
优
>> score_level_sw
请输入学生成绩：71
中
>> score_level_sw
请输入学生成绩：32
差
```

4.2.3 循环结构

循环结构的基本思想是重复运算，即利用计算机运算速度快以及进行逻辑控制的特点，重复执行某些语句，以满足大量的计算要求。循环是计算机解题的一个重要特征，也是程序设计的一种重要技巧，MATLAB 提供了两种实现循环结构的语句：for 语句和 while 语句。

1．for 语句

一般情况下，对于事先能确定循环次数的循环结构，使用 for 语句比较方便。其关键字包括 for、end、break 等。其基本调用格式如下：

```
for 循环变量=表达式 1：表达式 2：表达式 3
    循环体语句
end
```

其中，"表达式 1：表达式 2：表达式 3"是一个冒号表达式，将产生一个行向量，3 个表达式分别代表初值、步长和终值。步长为 1 时，表达式 2 可以省略。

for 循环结构语句的执行过程如下：首先计算 3 个表达式的值，形成一个行向量，再将向量中的元素逐个赋给循环变量，每次赋值后都执行一次循环体语句，当向量的元素都被使用完时，结束 for 语句的执行，而继续执行 for 语句后面的语句。

【例 4-9】 从键盘输入 10 个学生的成绩，并求其平均分。

先编写 score_average.m 程序文件：

```
——— score_average.m ———
disp('请输入十个学生的分数：')
sum=0;
for i=1:10
    score=input('请输入分数：');
    sum=sum+score;
end
average=sum/10
```

然后在命令行窗口中调用此 M 文件：

```
>> score_average
请输入十个学生的分数：
请输入分数：67
请输入分数：78
请输入分数：80
请输入分数：90
请输入分数：65
请输入分数：90
请输入分数：99
请输入分数：92
请输入分数：77
请输入分数：87

average =

    82.5000
```

2．while 语句

　　while 语句就是通过判断循环条件是否满足来决定是否继续循环的循环控制语句。与 for 语句不同的是，while 语句执行次数一般不确定，它取决于一些逻辑条件，其关键字包括 while、end、break 等。其基本调用格式如下：

```
while 表达式
    循环体语句
end
```

　　条件循环 while 语句的工作流程如图 4-7 所示。首先判断 while 后面的表达式的逻辑值，如果为真，则执行循环体语句，再跳回 while 的入口，检查表达式的逻辑值，如果为真，再执行循环体语句，周而复始，直到表达式的值为假，此时执行 end 命令后面的语句。

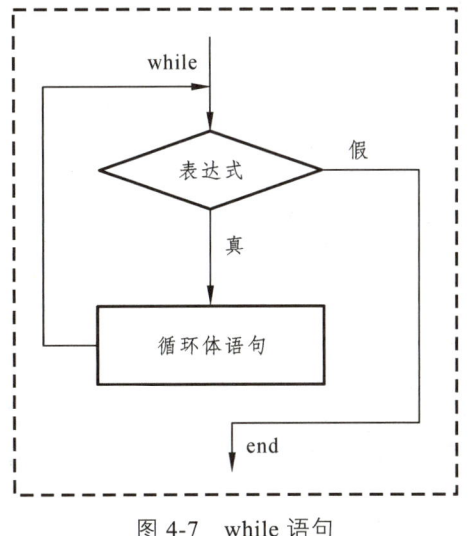

图 4-7　while 语句

【例 4-10】 用 while 语句实现 1～100 累加。

先编写 add_up_wh.m 程序文件：

```
——— add_up_wh.m ———
clear
sum=0;
n=1;
while n<=100
    sum=sum+n;
    n=n+1;
end
sum
```

在命令行窗口中运行该 M 文件，可得到结果：sum=5050。

3．break 语句和 continue 语句

与循环结构有关的语句还有 break 语句和 continue 语句。

break 语句：用于终止循环的执行。当在循环体内执行到该语句时，程序将跳出循环，继续执行循环语句的下一语句。

continue 语句：用于结束本次 for 或 while 循环，即结束本次循环中 continue 语句后尚未执行的代码，接着执行下次循环条件的判断语句。

【例 4-11】 求 50 到 100 之间第一个能被 21 整除的整数。

先编写 divisible_by_21.m 程序文件：

```
——— divisible_by_21.m ———
for n=50:100
    if rem(n,21)~=0
        continue
    end
    break
end
n
```

在命令行窗口中运行该 M 文件，可得到结果：n = 63。

4.3 函数文件

工程上，我们常常会将特定的算法写成函数的形式，以提高程序的重复利用性和执行效率。函数文件定义了输入参数和输出参数的对应关系，以方便外部调用。MATLAB 中提供的标准函数都是由函数文件定义的。

4.3.1 函数文件的基本结构

函数文件由 fuction 语句引导，其基本结构如下：

function 输出形参表=函数名(输入形参表)
注释说明部分
函数体语句

其中，以 function 开头的一行为引导行，表示定义一个函数。函数名的命名规则与变量名相同。在函数定义时，输入输出参数没有分配存储空间，所以称为形式参数，简称形参。当有多个形参时，形参之间用逗号分隔，组成形参表。当有多个输出形参时，则应使用方括号括起来，构成一个输出矩阵。

从使用的角度来看，函数是一个"黑箱"，把一些数据送进去，经加工处理后，将结果送出来。从形式上看，函数文件区别于脚本文件之处在于：脚本文件的变量为命令工作空间变量，在文件执行完成后保留在命令工作空间中；而函数文件内定义的变量为局部变量，只在函数文件内部起作用，当函数文件执行完后，这些内部变量将被清除。

说明：

（1）函数文件名建议与函数名一致。函数文件名一般由函数名加上扩展名.m 组成，不过函数文件名可以与函数名不同。当两者不同时，MATLAB 将忽略函数名，调用时使用函数文件名。为理解和记忆方便，一般建议函数文件名和函数名保持一致。

（2）函数注释由百分号（%）引导，百分号后面的内容不执行，只起注释作用。紧随函数文件引导行之后的第一行注释一般包括大写的函数文件名和函数功能简要描述，供 lookfor 关键词查询。之后连续的注释行通常包括函数输入输出参数的含义及调用格式说明等信息。

【例 4-12】 编写函数文件，求半径为 r 的圆的面积和周长。

先编写 fcircle.m 函数文件：

```
——— fcircle.m ———
function [s,p]=fcircle(r)
% FCIRCLE calculate the area and perimeter of a circle of radii r
%r        Radius of the circle
%s        Area of a circle
%p        Circumference of the circle

% By xblee 2020 年 9 月 10 日, PM 10:23:00 .
s=pi*r*r;
p=2*pi*r;
end
```

在命令行窗口中调用该函数，计算结果如下：

```
>> [s,p]=fcircle(5)
```

```
s =
    78.5398

p =
    31.4159
```

```
>> lookfor fcircle
fcircle       - calculate the area and perimeter of a circle of radii r
```

4.3.2 函数调用

函数文件建立好后，就可以调用该函数了，调用格式为

[输出实参表]=函数名(输入实参表)

在调用函数时，函数输入输出参数称为实际参数，简称实参。在调用函数时，各实参出现的顺序、个数，应与函数定义时形参的顺序、个数一致，否则会出错。函数调用时，先将实参传递给相应的形参，从而实现参数传递，然后再执行函数的功能。

【例 4-13】 编写函数文件，求向量的最大、最小值。

先编写 max_min_values.m 函数文件：

——— max_min_values.m ———

```
function [max,min] = max_min_values(X)
%输入参数 X 为数值向量，返回其最大值和最小值
max=subfun_max(X);
min=mysubfun_min(X);

function y=subfun_max(X) %子函数 1:求向量中的最大元素
x1=sort(X, 'descend'); % 按降序排列 X 向量中的元素
y=x1(1);
end

function y=mysubfun_min(X)   %子函数 2：:求向量中的最小元素
x1=sort(X); %  按默认的升序排列 X 向量中的元素
y=x1(1);
end

end
```

在命令行窗口中调用该函数，计算结果如下：

```
>> A=rand(1,6)
A =
    0.8491    0.9340    0.6787    0.7577    0.7431    0.3922
>> [m,n]=max_min_values(A)
m =
    0.9340
n =
    0.3922
```

4.4　特殊形式的函数

4.4.1　子函数

在 MATLAB 的函数定义中，若函数过长，不易于阅读与维护，可将多个函数分别写在不同的函数文件中，形成主函数调用子函数的样式。

在 MATLAB 中，可以在一个函数文件中同时定义多个子函数，其中函数文件出现的第一个函数称为主函数，其他函数称为子函数，但需要注意的是子函数只能由同一函数文件中的函数调用。在保存函数文件时，函数文件名一般和主函数名相同，外部程序只能对主函数进行调用。

【例 4-14】　编写函数文件，实现主函数中调用子函数。

先编写 myfun_flow.m 函数文件：

―――― myfun_flow.m ――――

```
function d=myfun_flow(a,b,c)
%MYFUN_FLOW 主函数中调用子函数并通过子函数实现混合运算。
d=subfun_flow(a,b)+3*c;

function c=subfun_flow(a,b)
c=a*b^2;
end

end
```

在命令行窗口中调用该函数,计算结果如下:

```
>> myfun_flow(2,4,6)

ans =

    50
```

4.4.2 内联函数

内联函数是 MATLAB 7 以前经常使用的一种构造函数对象的方法,它借鉴了 C 语言的内联函数。在命令窗口、程序或函数中创建局部函数时,可通过使用 inline 函数,将以字符串形式存在的函数表达式转成内联函数,而不用将其储存为一个 M 文件,并可像函数一样调用。

【例 4-15】 通过 inline 函数创建内联函数。

```
>>   f=inline('t^2-3*t-1')

f =

     内联函数:
     f(t) = t^2-3*t-1
```

赋值 t,则可以计算其值:

```
>> f(3)

ans =

    -1
```

此外,内联函数也支持多元函数。

【例 4-16】 创建内联函数求直角三角形斜边长。

```
>> hypotenuse=inline('sqrt(x^2+y^2)')

hypotenuse =

     内联函数:
     hypotenuse(x,y) = sqrt(x^2+y^2)

>> hypotenuse(3,4)      %给定直角边,可算出斜边

ans =

     5
```

4.4.3 匿名函数

匿名函数是 MATLAB 7 之后提出的一种函数描述形式，与内联函数类似，可以让用户编写简单的函数而不需要创建 M 文件。其效率比内联函数高。匿名函数的基本格式为

函数句柄变量=@(匿名函数输入参数) 匿名函数表达式

其中，函数句柄变量相当于函数的别名，利用它可以间接调用函数；"@"是创建函数句柄的运算符，其后定义了一个匿名函数，包括函数输入参数和函数表达式。函数有多个输入参数时，参数间用逗号分隔。

【例 4-17】 定义匿名函数并调用。

```
>> sqr=@(x) x.^2

sqr =

  包含以下值的 function_handle:

    @(x)x.^2

>> sqr(1:2:10)

ans =

     1     9    25    49    81
```

【例 4-18】 将例 4-16 求直角三角形斜边长改用匿名函数来求解。

```
>> hyp=@(x,y) sqrt(x^2+y^2)

hyp =

  包含以下值的 function_handle:

    @(x,y)sqrt(x^2+y^2)

>> hyp(3,4)

ans =

     5
```

也可以通过下列语句给已存在的函数定义函数句柄,并利用函数句柄来调用函数。其格式为

函数句柄变量=@函数名

其中,函数名可以是 MATLAB 提供的内部函数,也可以是用户定义的函数。例如:

```
>> yuxian=@cos

yuxian =

  包含以下值的 function_handle:

    @cos

>> yuxian(pi/3)

ans =

    0.5000
```

习题 4

1. 想得到一个数组元素为 100~200 的 6×6 随机矩阵中所有大于特定数值 160 的元素组成的新矩阵,应该如何操作?

2. 输入一个正的实数 x,分别输出 x 的整数部分和小数部分。

3. 从键盘输入一个 4 位整数,按如下规则加密后输出。加密规则:每位数字都加 7,然后用新的每位数字除以 10 的余数取代该数位的数字;最后将第一位数与第三位数互换,第二位数与第四位数互换。

4. 输入一个百分制成绩,要求输出成绩等级 A、B、C、D、E。其中,90~100 分为 A,80~89 分为 B,70~79 分为 C,60~69 分为 D,60 分以下为 E。

要求:

(1)分别用 if 语句和 switch 语句实现。

(2)输入百分制成绩后要判断成绩的合理性,对不合理的成绩应输出出错信息。

5. 分别使用 while 和 for 语句编写 $\sum_{1}^{100} n^2$ 求和程序。

6. 定义一个函数文件,求给定复数的指数、对数、正弦和余弦,并在脚本文件中调用该函数文件。

7. 从键盘给定区间 [x,y],并求此区间里第一个能被 7 整除的整数。要求:

(1)使用 for 语句实现。

(2)搭配使用 continue 语句、break 语句。

第 5 章
MATLAB 绘图

MATLAB 具有强大的二维和三维绘图功能，可以非常方便地实现各种计算结果的可视化。MATLAB 不但能绘制所有的标准图形，还具有丰富多样的表现形式，如使用线型、边界、色彩、渲染、光源、视角等修饰图形，以便更好地将数据的特征展现出来。

5.1 基本二维绘图

在二维图形绘制中，最基本的函数是 plot 函数。其主要用法有三种。

（1）在 plot(y)函数中，y 既可以是实数矩阵，也可以是复数矩阵。当 y 为实数矩阵时，将绘制以行数下标为横坐标，以每列元素值为纵坐标的曲线；当 y 为复数矩阵时，将绘制以元素实部为横坐标，以元素虚部为纵坐标的曲线。

【例 5-1】 用 plot(y) 绘制二维图形。

```
>> y=[1 2 3;3 5 7;7 8 9];
>> plot(y)
```

输出结果如图 5-1 所示。绘制以行数下标为横坐标，以每列元素值为纵坐标的曲线，如蓝色线（图中最下方曲线）采样的三个点分别为(1,1)、(2,3)、(3,7)，三个点的纵坐标分别为矩阵 y 的第 1 列元素，另外两条线类似。

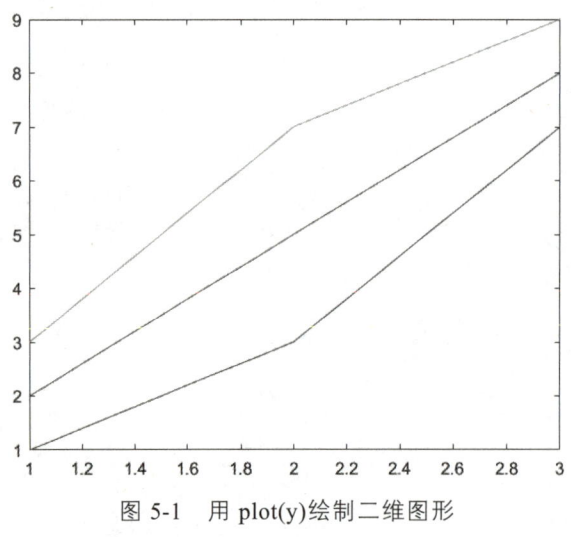

图 5-1 用 plot(y)绘制二维图形

（2）plot(x1,y1,x2,y2,…)绘制 (x_i, y_i) 对应的所有曲线，x_i 和 y_i 既可以为同型矩阵，也可以为等长向量，又可以是一个为矩阵，另一个为相匹配的向量的形式。

【例 5-2】 用 plot(x,y)绘图，其中 x 为向量，y 为矩阵。

```
>> x=linspace(0,2*pi,50);
>> y=[sin(x);cos(x)];
>> plot(x,y)
```

输出结果如图 5-2 所示。

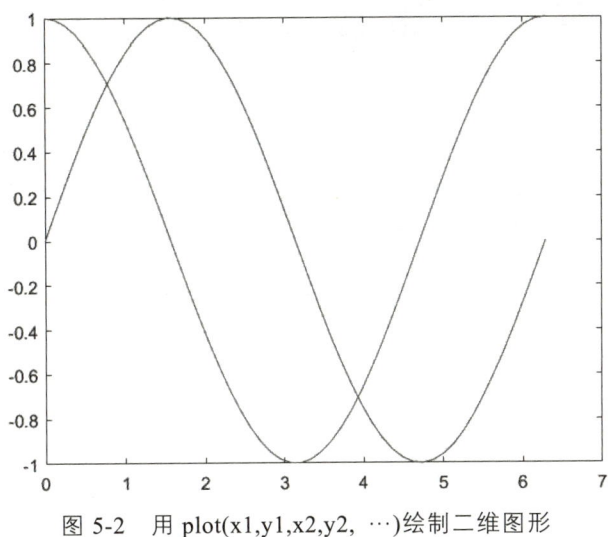

图 5-2 用 plot(x1,y1,x2,y2,…)绘制二维图形

(3) plot(x,y, LineSpec,…)绘制 (x,y) 对应的曲线，并由 LineSpec 参数设置曲线的线型、标记和颜色。

【例 5-3】 用 plot(x,y, LineSpec,…)绘制图形。

```
>> n=0:0.2:12;
>> y=1./abs(n-6);
>> plot(n,y,'r:*')
>> grid on          %打开网络线
```

程序运行结果如图 5-3 所示。通过 LineSpec 属性，用户可以指定线型、标记和颜色。本例中，曲线颜色为红色，线型为点线，数据点形状为星形。有关属性的设置方法见 5.2.2 节。

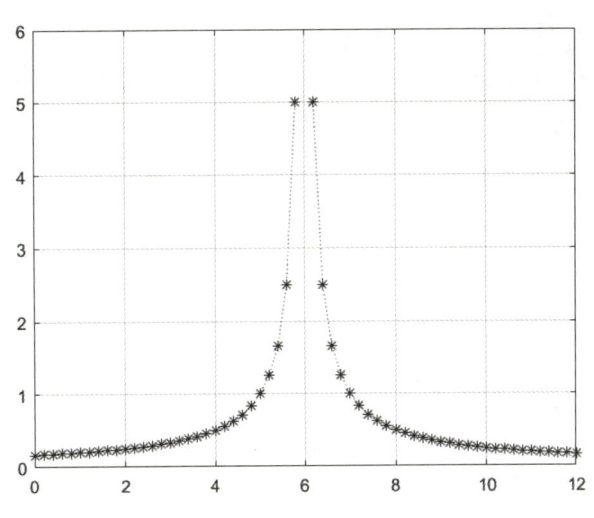

图 5-3 用 plot(x,y, LineSpec,…)绘制二维图形

利用 plot 命令绘制曲线时，会用线连接相邻数据点，因此曲线的光滑与否与数据点数的选取多少相关，在绘图时要注意这个问题。

【例 5-4】 修改例 5-2 中采样点数，查看曲线的光滑度。

```
>> x=linspace(0,2*pi,10);
>> y=[sin(x);cos(x)];
>> plot(x,y)
```

程序运行效果如图 5-4 所示。由于采样点数从 50 改为 10，间隔过大，连接的点线看上去不像正弦曲线了。

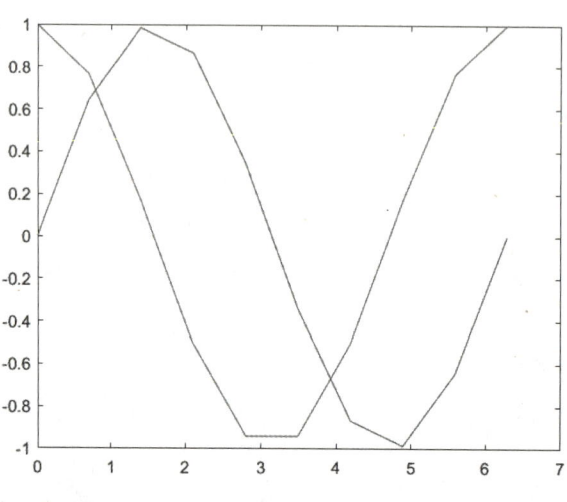

图 5-4　曲线光滑度与采样数据点数关系

5.2　多图绘制与图形修饰

在 MATLAB 中，提供了设置图形的线型、颜色、数据点形状等属性的方法，还可以在同一个图形窗口中绘制多个图形，添加标题、坐标名称、文字注释、图注以及对坐标轴进行设置。曲线是最常见的图形，本节将以曲线为例，介绍相关命令的使用方法。

5.2.1　多图绘制

大家实践一下，看看下列语句能否在同一个轴上绘制出正弦和余弦曲线？

```
>> x=-pi:0.1:pi;
>> y1=sin(x);
>> y2=cos(x);
>> plot(x,y1)
>> plot(x,y2)
```

答案是否定的。运行结果如图 5-5 所示，坐标轴上只有余弦曲线。这是因为在 MATLAB 中，每调用一次 plot 命令，都会刷新图形窗口，覆盖原来的图形。

在 MATLAB 中，有三种方法可以实现在同一个坐标轴上绘制多图。

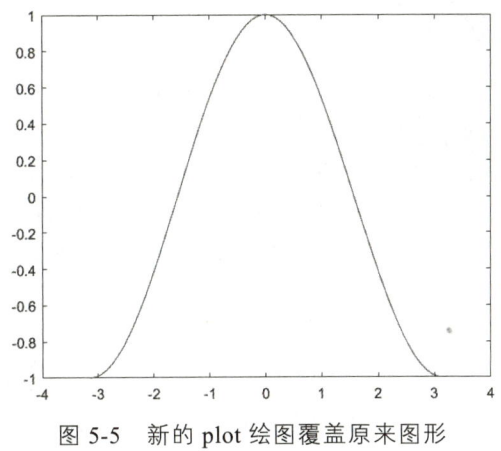

图 5-5 新的 plot 绘图覆盖原来图形

1．利用 plot(x1,y1,x2,y2,…)命令

实例可参见前面的例 5-2。

2．利用 hold 命令

在 MATLAB 中，hold 命令表示在添加新绘图时保留当前绘图，不进行刷新。hold on 表示保留当前坐标区中的绘图，hold off 表示将保留状态设置为 off，即不保留当前坐标区的绘图。hold 在 on 和 off 之间切换保留状态。

【例 5-5】 使用 hold 命令绘制多图。

```
>> x=linspace(0,2*pi,50);
>> y1=sin(x);
>> plot(x,y1)
>> y2=cos(x);
>> hold on
>> plot(x,y2)
```

程序运行效果如图 5-6 所示。

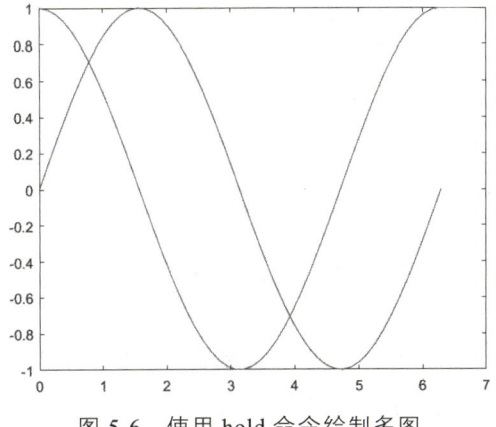

图 5-6 使用 hold 命令绘制多图

3．利用 subplot 子图窗口命令

在实际应用中，经常需要在一个图形窗口内绘制若干个独立的图形。在 MATLAB 中，提供 subplot 函数来实现在同一个图形窗口中显示多个图形。其常用调用格式有两种：

（1）subplot(m,n,p)：功能是将图形窗口分成 m×n 个子窗口，p 表示子图编号。

（2）subplot('Position',pos)：功能是在 pos 指定的自定义位置创建坐标区。使用此选项可定位未与网格位置对齐的子图。指定 pos 作为[left bottom width height]形式的四元素向量。

提示：

① subplot(m,n,p)命令生成的图形窗口将会有（m,n）幅子图，k 是子图的编号，如图 5-7 所示，编号的顺序如下：左上为第 1 幅子图，然后先向右后向下依次排号。

② 命令所产生的子图彼此相互独立，所有的绘图命令都可以在任一个子图中运用，而对其他的子图没有影响。

③ 在书写该命令时，(m,n,p)形式也可以写成(mnk)形式。

④ 在使用 subplot 命令之后，如果再想绘制整个图形窗口，应先使用 clf 命令进行清空。

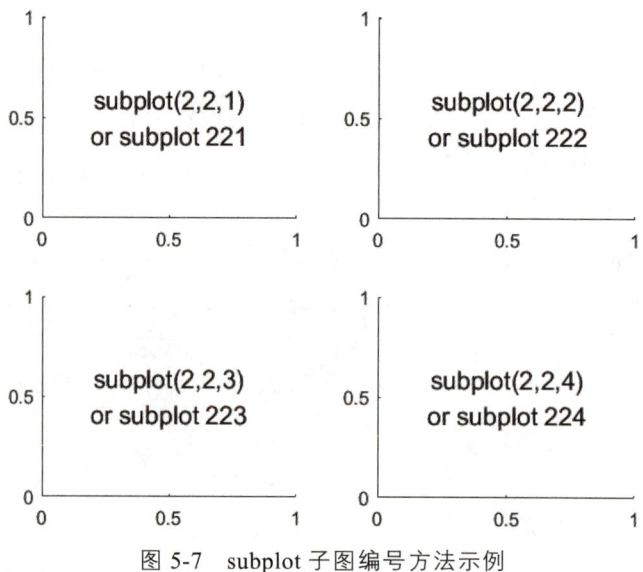

图 5-7　subplot 子图编号方法示例

【例 5-6】　利用 subplot 命令进行多图绘制。

```
>> x=linspace(-pi,pi,100);
>> y1=sin(x);
>> y2=cos(x);
>> y3=sin(3*x).*cos(2*x);
>> subplot(2,2,1);        将图形窗口分成 2×2 块，在第 1 个子图中绘图
>> plot(x,y1)
>> subplot(222);          将图形窗口分成 2×2 块，在第 2 个子图中绘图
>> plot(x,y2)
```

```
>> subplot(2,2,[3 4]);      将图形窗口分成2×2块，在第3和第4个子图组合起来的空间绘图
>> plot(x,y3)
```

程序运行效果如图5-8所示。

💡 提示：subplot(2,2,[3 4])，这行代码也可以改用subplot(2,1,2)；相当于将图形窗口分为2×1块，在下面一块画子图，效果是一样的。读者可以自行验证。

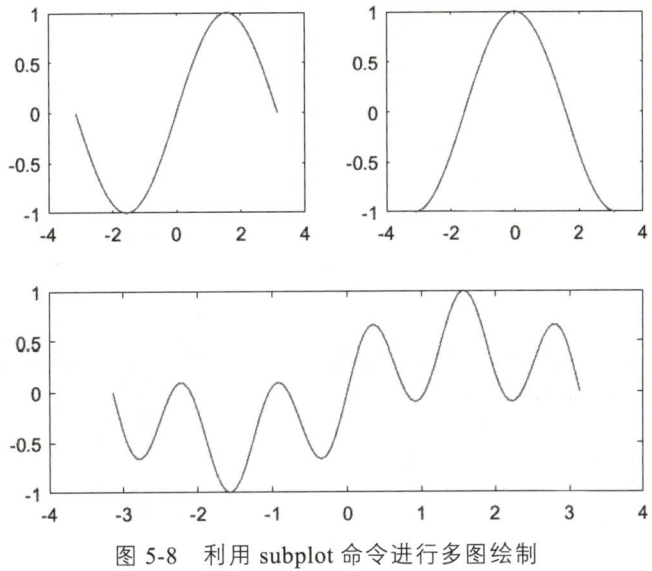

图5-8 利用subplot命令进行多图绘制

5.2.2 图形属性的设置

在绘图中常用的图形属性有线型、颜色、标记和线宽等。

1．线型属性

常用的线型（LineStyle）属性设置说明见表5-1。

表5-1 线型属性设置说明

线型	说明	表示的线条
-	实线	———————
--	虚线	- - - - -
:	点线	··········
-.	点画线	－·－·－·－

2．颜色属性

常用的颜色（Color）属性设置说明见表5-2。

表 5-2　颜色属性说明

颜色	说明	颜色	说明
y	黄色	w	白色
r	红色	k	黑色
g	绿色	m	紫色
b	蓝色	c	蓝绿色（青色）

MATLAB 采用 RGB 模型表示颜色，即每一种颜色都由 R（红色）分量、G（绿色）分量和 B（蓝色）分量组成。这三种分量都在 0.0～1.0 取值，不同的组合形成不同的颜色，如[1 0 0]表示红色，[0 0 0]表示黑色，而[1 1 1]表示白色。

MATLAB 为 8 种常用颜色（见表 5-2）定义了符号，基本能满足用户的需要，如果需要使用其他颜色，可使用 RGB 数值进行赋值，如 plot(x,y1,'color',[0.1 0.5 0.6])。

3．标记属性

在线图中添加标记是区分多个线条或突出显示特定数据点的有用方法。常用的标记（Marker）属性设置说明见表 5-3。

表 5-3　标记属性说明

标记	说明	标记	说明
o	圆圈	d	菱形
+	加号	^	上三角形
*	星号	v	下三角形
.	点	<	左三角形
x	叉号	>	右三角形
_	水平线条	p	五角形
|	垂直线条	h	六角形
s	方形	none	无标记（默认）

【例 5-7】　图形属性设置示例。

```
>> t = 0:pi/20:2*pi;
>> plot(t,sin(t),'-.r*')              %点画线
>> hold on;plot(t,sin(t-pi/2),'--mo')
>> plot(t,sin(t-pi),':bs');hold off   %蓝色点线，方形标记
```

程序运行结果如图 5-9 所示。

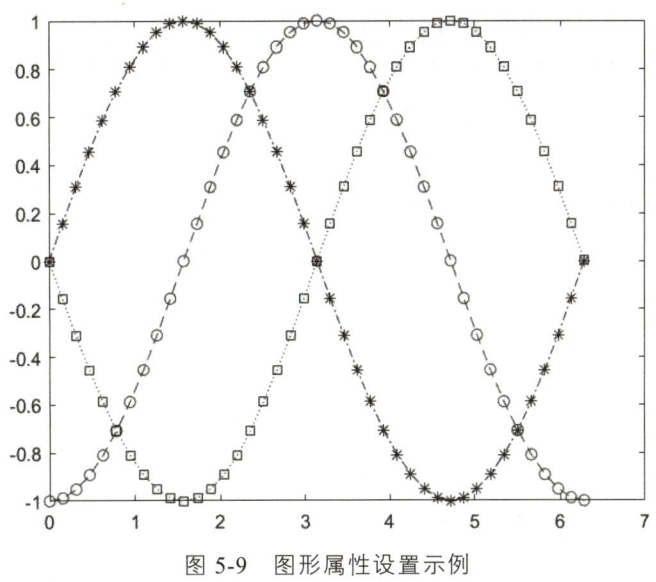

图 5-9 图形属性设置示例

5.2.3 图形的辅助操作

为了便于理解和分析图形数据,经常需要使用标题、坐标名、文字注释和图注等辅助操作,增强图形数据的可读性。

1. 图形标识

在绘制图形的同时,可以对图形加上一些文字说明,这些操作称为图形标识。有关图形标识常用的函数及调用格式如下:

title('string')	%添加图形标题
xlabel('string')	%添加 x 轴标签
ylabel('string')	%添加 y 轴标签
text(x,y,'string')	%在坐标(x,y)处标注说明文字
gtext('string')	%用鼠标在特定处标注说明文字

其中,'string'为字符串(注意,单引号对必须在英文状态下输入);title 和 xlabel、ylabel 函数分别用于添加图形标题和坐标轴的名称;text 函数是在(x,y)坐标处添加图形说明。添加文本说明也可采用 gtext 函数指令,执行该命令时,在图形坐标轴内鼠标光标形状会变为"+"形状,并跟随鼠标移动,单击鼠标后,即会在单击处放置文本。例如,使用 gtext('sin(x)')可在单击处放置字符串 sin(x)。

上述函数中的说明文字,除使用标准的 ASCII 字符外,MATLAB 还提供了上百个特殊 LaTeX 格式的特殊控制字符。如表 5-4 所示,只列举了常用的 LaTeX 格式控制符号和特殊符号,感兴趣的读者可以在帮助中搜索 text properties,查阅相关内容。LaTeX 字符控制部分要加大括号{}括起来,其中,这些字符既可单独使用,也可以和其他字符组合使用。例如,text(3,1, 'cos({\omega}t+{\phi})'),得到文本标注 cos(ωt+φ)的效果。

表 5-4　常用 LaTeX 格式控制符号和特殊符号

	符号	说明		符号	说明
字体控制	\bf	粗体	数学符号	\leq	≤
	\it	斜体		\pm	±
	\rm	正常体	希腊字母	\alpha	α
箭头方向	\leftarrow	←		\beta	β
	\Leftarrow	⇐		\lambda	λ
	\leftrightarrow	↔		\omega	ω
数学符号	\angle	∠		\sigma	σ
	\cap	∩		\tau	τ
	\div	÷		\Lambda	Λ
	\in	∈		\Omega	Ω
	\int	∫		\Sigma	Σ

除了表 5-4 中给出的字符定义外，还可以通过标准的 LaTeX 命令来定义上标和下标，从而使图形标注更加丰富多彩。如果想在某个字符后添加上标，则可以在该字符后面跟一个由"^"字符引导的字符，若用字符串作为指数，则应用使用大括号将字符串括起来。例如：e^{i\pi} 对应的标注效果为 $e^{i\pi}$。下标的定义类似，在要标注的字符后面跟一个由"_"引导的字符，同样，若要将字符串作为下标，则要使用大括号将字符串括起来。例如，A_{11}对应的标注效果为 A_{11}。

【例 5-8】 对绘制曲线进行文字标识。

```
>> t = 0:pi/20:2*pi;
>> plot(t,sin(t),'-.r*')
>> axis([0,8,-2,2])
>> title('正弦函数  0\rightarrow 2\pi')
>> xlabel('时间')
>> ylabel('函数值')
>> text(3.14,sin(3.14),'\leftarrow t 取\pi 的函数值')
>> gtext('\leftarrow sin(t)\fontname{华文行楷}极小值')
```

得到的结果如图 5-10 所示。

提示：axis([0,8,-2,2])为指定当前坐标区的范围，设定 x 轴的范围为 0~8，y 轴的范围为-2~2。gtext 中\fontname 控制字符表示对字体的设置，此处设置的是"华文行楷"，如果需要设置其他字体，需要确保该字体为 MATLAB 可用字体。在命令行窗口中输入 listfonts，并按回车键，即可列出本地可用字体名称。

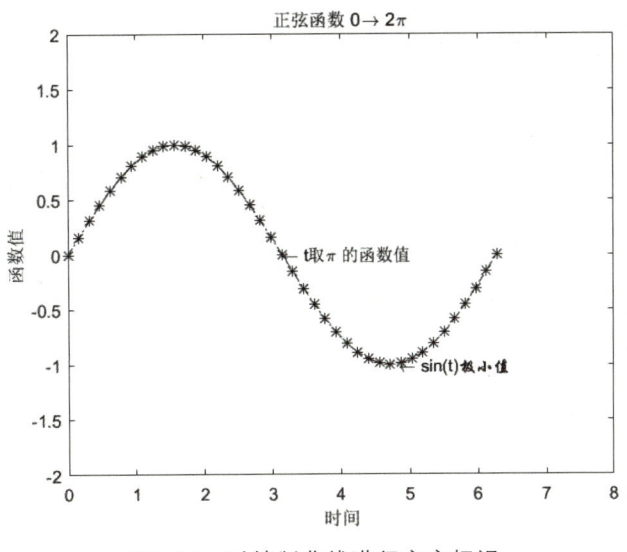

图 5-10 对绘制曲线进行文字标识

2．图例注解

当在同一个坐标系中绘制多条函数曲线时，需要区分各条曲线，为此，MATLAB 提供了图例的注释说明指令，其调用格式为

legend('s1','s2',…,)

该指令在绘图窗口中开启一个注解视窗，依据绘图的先后顺序，依次输出字符对各条曲线进行注解说明。's1'是对第一条曲线的注解说明，'s2'是对第二条曲线的注解说明。常用的图注属性主要有位置属性（Location）和方向属性（Orientation），可以确定图注所在的位置和方向。此处以位置属性（Location）为例（其他属性读者可以查看帮助）列举常用 Location 的值，如表 5-5 所示。

表 5-5　Location 属性相对于坐标区的位置值

标记	说明	标记	说明
'northeast'	坐标区中的右上角（二维坐标区的默认值）	'northwestoutside'	坐标区外的左上角
'northwest'	坐标区中的左上角	'southeastoutside'	坐标区外的右下角
'southeast'	坐标区中的右下角	'southwestoutside'	坐标区外的左下角
'southwest'	坐标区中的左下角	'best'	在与绘图中的数据发生最少冲突的坐标区内
'northeastoutside'	坐标区外的右上角（三维坐标区的默认值）	'bestoutside'	坐标区的右上角之外（当图例为垂直方向）或坐标区下方（当图例为水平方向）

【例 5-9】 图例注解实例。

```
>> t=0:0.1:10;x=cos(t)+1/2;
>> y=sin(t).*sin(6*t);
>> z=2*exp(-t);
>> plot(t,x,t,y,':',t,z,'-.')
>> legend('sin(t)','sin(t)*sin(9t)','1.5*exp(-t)',...
    'Location','NorthWest')
```

绘图结果如图 5-11 所示。

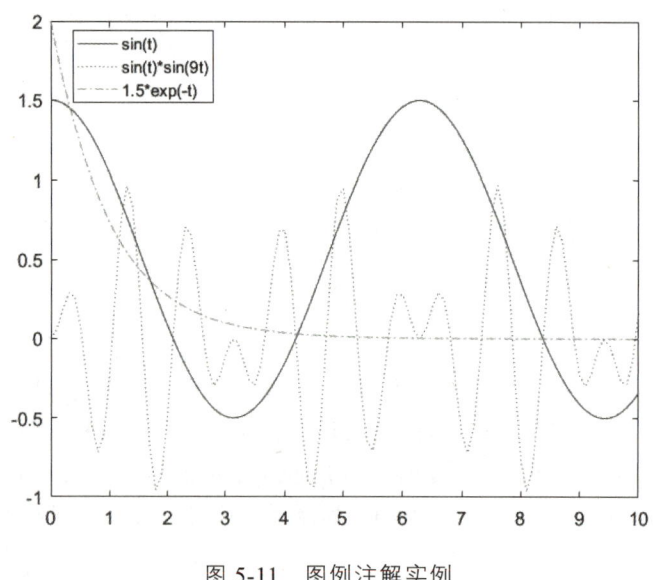

图 5-11 图例注解实例

提示：由于语句太长，此例 Legend 中用到了续行符"..."。此外，为展示非默认的图例位置，在生成图形后，使用鼠标对图例位置进行了微调。

3．坐标控制

在绘制图形时，MATLAB 会自动根据给定的数据范围选择合适的坐标刻度，从而完整地展现数据可视化后的图形。但有时如果用户对坐标不满意，可使用 axis 函数对其重新设置。其调用基本形式为

```
axis([xmin xmax ymin ymax])
```

注意，xmin<xmax，ymin<ymax，可以取-inf 或 inf，且 axis 命令要在 plot 绘图命令之后。此外，axis 函数功能丰富，常用的用法还有表 5-6 中所列的几种。

表 5-6 axis 坐标控制

符号	说明
axis equal	沿每个坐标轴采用相同的数据单位长度,即等长刻度
axis square	使用相同长度的坐标轴线,二维即为矩形
axis auto	使用默认设置
axis tight	将坐标轴范围设置为等同于数据范围,使轴框紧密围绕数据
axis image	与 axis equal 一样采用等长刻度,但坐标框紧贴数据范围
axis off	取消坐标轴
axis on	显示坐标轴

此外,MATLAB 还提供 grid、box 两个函数来设置坐标区网格线和坐标轴框。常用格式如下:

```
grid on        %显示网格线
grid off       %不显示网格线
box on         %显示坐标轴框
box off        %不显示坐标轴框
```

提示,不带参数的 grid 在两种状态之间进行切换,不带参数的 box 也一样,在两种状态之间进行切换。

【例 5-10】 坐标轴控制实例。

```
>> x=-pi:pi/500:pi;
>> y=sin(x).*sin(9*x);
>> subplot(231);
>> plot(x,y)
>> axis([-6,6,-2,2])
>> title('Custom axis')
>> subplot(232);
>> plot(x,y)
>> title('axis tight')
>> axis tight
>> grid on                    %显示网格
>> subplot(233);
>> plot(x,y)
>> title('axis square')
>> axis square
>> box off                    %不显示坐标框
>> subplot(234);
>> plot(x,y)
```

```
>> title('axis equal')
>> axis equal
>> subplot(235);
>> plot(x,y)
>> title('axis image')
>> axis image
>> subplot(236);
>> plot(x,y)
>> title('axis off')
>> axis off
```

程序运行结果如图 5-12 所示。

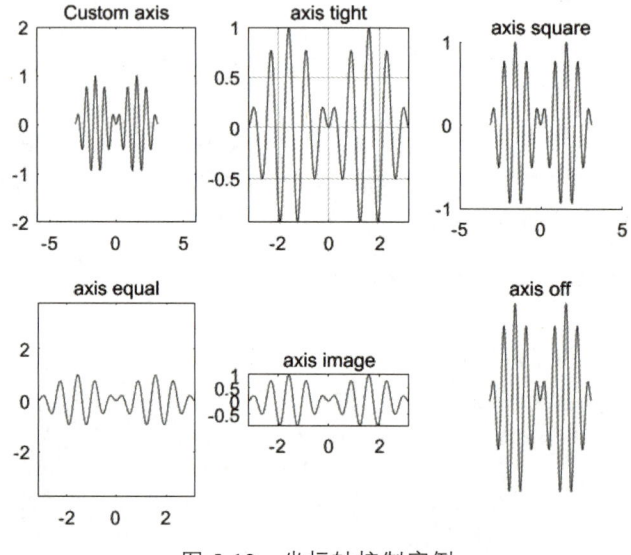

图 5-12　坐标轴控制实例

5.3　特殊二维绘图

5.3.1　条形类图形

条形类图形用一系列高度不等的条纹表示数据大小，常用的有条形图和直方图。条形图用于显示不同时间点的数据大小或比较各组数据之间的大小；直方图用于表示数据分布的情况。

1．条形图

MATLAB 提供 bar 函数（垂直条形图）与 barh（水平条形图）来绘制条形图，它们的调用格式是一样的。这里以 bar 函数为例，常用的调用格式如下：

```
bar(y)
bar(x,y,style)
```

对于 bar(y)，若 y 为向量，则分别显示每个分量的高度，横坐标为 y 的下标；若 y 为矩阵，则分别比较 y 的每一行元素的大小，横坐标为矩阵的行数。

对于 bar(x,y,style)，以 x 为横坐标画出 y。当 y 是 $m \times n$ 矩阵时，则将矩阵分解成行向量，对应横坐标 x 分别画出。style 指定条形的排列模式，类型有 grouped（簇状分组）和 stacked（堆积分组），默认采用 grouped 排列模式。

【例 5-11】 条形图 bar 函数实例。

```
>> Y=[111,135, 146,168,199;77,85,101, 214,232]';
>> x=(2:4:18)';
>> subplot(221); bar(Y); title('默认形式条形图')
>> subplot(222); bar(x, Y); title('指定 x 条形图 ')
>> subplot(223); barh(x, Y); title('水平条形图')
>> subplot(224); bar(Y,'stacked'); title('堆积分组条形图')
```

程序运行结果如图 5-13 所示。

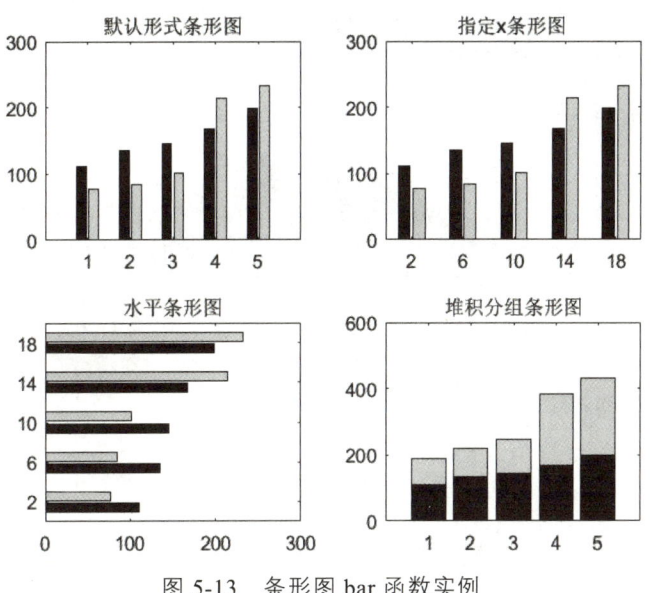

图 5-13 条形图 bar 函数实例

2．直方图

MATLAB 提供常用的绘制统计频率的直方图函数为 hist 函数，其常用调用格式如下：

n=hist(Y)：根据 Y 的范围将其平均分为 10 个区间，统计在每个区间出现的数据个数，并返回结果。

n=hist(Y,x)：以 x 中的数据 x(i)为依据，将 Y 分成 length(x)个区间，并统计在每个区间里出现的数据个数，并返回结果。

hist(…)：绘制直方图，但不返回结果。

【例 5-12】 hist 函数绘制统计直方图实例。

```
>> y = randn(10000,1);
>> subplot(211);hist(y)
>> title('默认区间直方图')
>> x = -3:0.1:3;
>> subplot(212);hist(y,x)
>> title('指定范围直方图')
```

程序运行结果如图 5-14 所示。

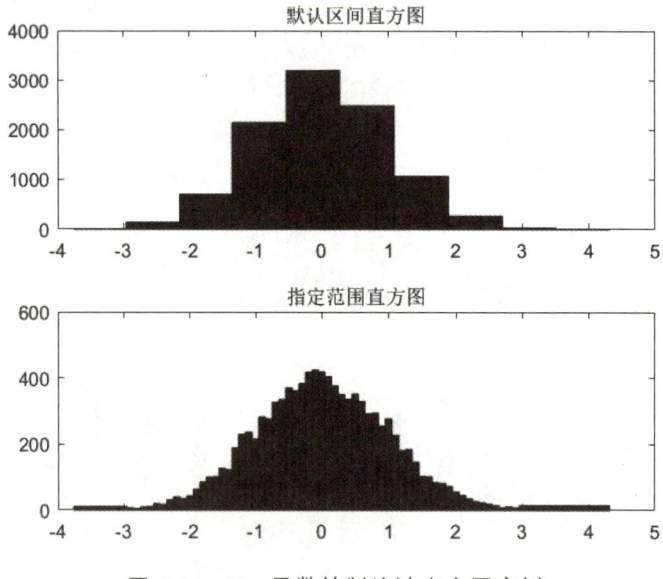

图 5-14　hist 函数绘制统计直方图实例

5.3.2　面积类图形

1．饼状图

扇形统计图又称为饼状图。它反映一个数据系列中各个分量占总数量的比例。MATLAB 中提供 pie 函数用于绘制饼状图。其基础调用格式如下：

```
pie(X)
pie(X,explode)
pie(X,explode,labels)
```

上述命令为绘制参数 X 的饼图；explode 为与 X 同维的矩阵，如果其中有非零元素，pie 函数将对应于 explode 中的非零元素的扇区偏移出一定的位置，加以突出。labels 用于定义相应块的标签。

【例 5-13】 饼状图绘制实例。

```
>> X = [1 3 0.5 2.5 2];
>> explode = [0 0 1 0 0];
>> pie(X,explode)
```

程序运行结果如图 5-15 所示。

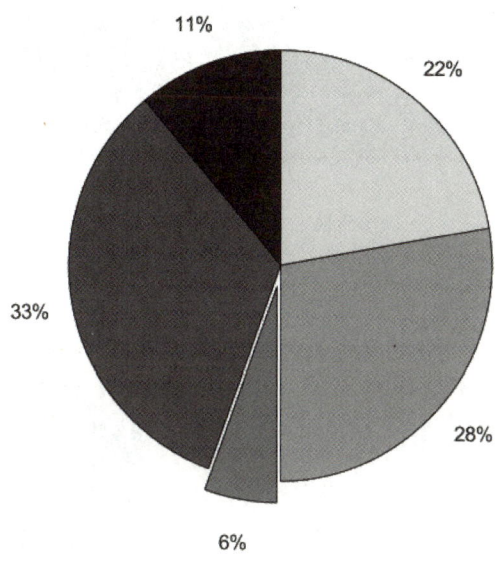

图 5-15 饼状图绘制实例

2．区域图

面积统计图又称为区域图。它反映数量变化的趋势，在实际中可以表现不同部分对整体的影响。MATLAB 中提供 area 函数用于绘制区域图。其基本调用格式如下：

```
area(x)
area(x,y)
```

area 函数按列的方向绘制曲线，并且在曲线与基线之间进行填充，以形成区域图。当只有一条曲线时，基线为横坐标轴，当同时绘制多条曲线时，每条曲线都会将其前面一条曲线当作基线，在其基础上累加本曲线的数值后进行填充，其中第一条曲线的基线是横坐标轴。

【例 5-14】 区域图绘制实例。

```
>> x=0:2:10;
>> y=[1,3,5,5,6,7;2,4,6,5,3,2;4,3,4,8,5,3]';
>> area(x,y)
```

程序运行结果如图 5-16 所示。

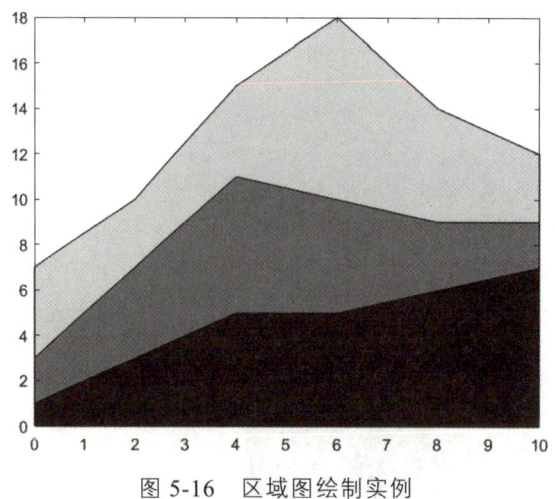

图 5-16　区域图绘制实例

3．填充图

填充图是将数据的起点和终点连成多边形，并填充颜色。MATLAB 中提供 fill 函数用于绘制填充图。其基本调用格式如下：

fill(x,y,ColorSpec)

fill 函数按向量元素下标次序依次用直线段连接 x、y 对应元素对应的坐标点。如果这些连接线不封闭，则 MATLAB 将自动把该折线的首尾连接起来，构成封闭多边形，并用指定的颜色进行填充。

【例 5-15】　填充图绘制实例。

```
>> x=linspace(-pi,pi,50);
>> y=sin(x);
>> fill(x,y,'b')
```

为优化显示效果，图采用 RGB 元组灰色进行填充（fill(x,y,[0.8,0.8,0.8])）。程序运行结果如图 5-17 所示。

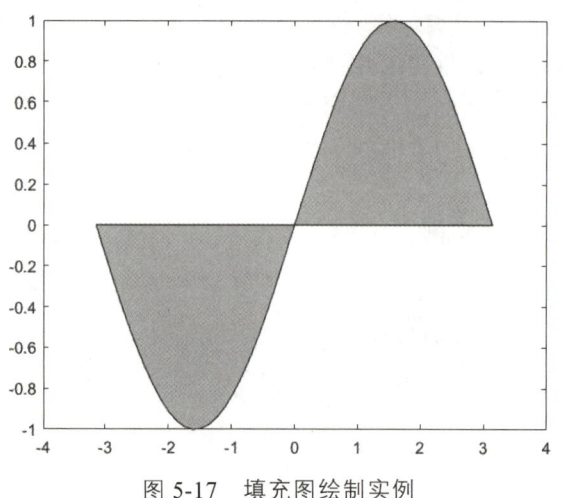

图 5-17　填充图绘制实例

5.3.3 散点类图形

散点类图形经常用于实验中，比较实验结果与理论值之间的差异，从而根据实验误差的特征曲线研究误差的规律。

MATLAB 中提供了绘制散点类图形的函数 scatter、stairs 和 stem，分别用于绘制散点图、阶梯图和火柴杆图。3 个函数的使用方法类似，其基本调用格式如下：

```
scatter(x,y,option)
stairs(x,y,option)
stem(x,y,option)
```

三个函数的用法及 option 属性设置与 plot 函数相似。具体可以查询帮助文件。

【例 5-16】 散点类图形绘制实例。

```
>> x = 0:0.5:10;
>> y = 2*exp(-1/3*x);
>> subplot(131);
>> scatter(x,y,'k');axis([0,10,0,2])
>> title('散点图')
>> subplot(132);
>> stairs(x,y,'b');axis([0,10,0,2])
>> title('阶梯图')
>> subplot(133);
>> stem(x,y,'r');axis([0,10,0,2])
>> title('火柴杆图')
```

程序运行结果如图 5-18 所示。

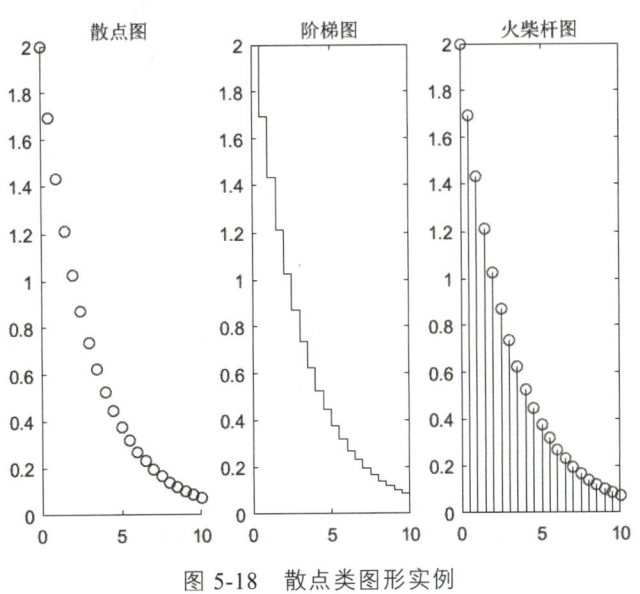

图 5-18 散点类图形实例

5.3.4 矢量类图形

矢量类图形有罗盘图、羽状图和向量场图，一般由 x 分量和 y 分量两个参数来指定矢量。也可以由一个复数指定，复数的实部和虚部分别代表矢量的 x 分量和 y 分量。MATLAB 中提供了绘制这些图形的函数。

1．罗盘图

罗盘图用于绘制起点在图形原点的向量图。MATLAB 中提供 compass 函数用于绘制罗盘图，该函数采用在坐标系中显示圆形栅格的分隔线。其基本调用格式如下：

compass(U,V)：起点在原点，终点在（U(i),V(i)）。

compass(Z)：Z 是复数，相当于 Z 的实部 real(Z) 是前一个命令中的 U，Z 的虚部 imag(Z) 是前一个命令中的 V。

【例 5-17】 罗盘图绘制实例。

```
>> x=-10:0.5:10;
>> y=sin(2*pi*x);
>> compass(x,y)
```

程序运行结果如图 5-19 所示。

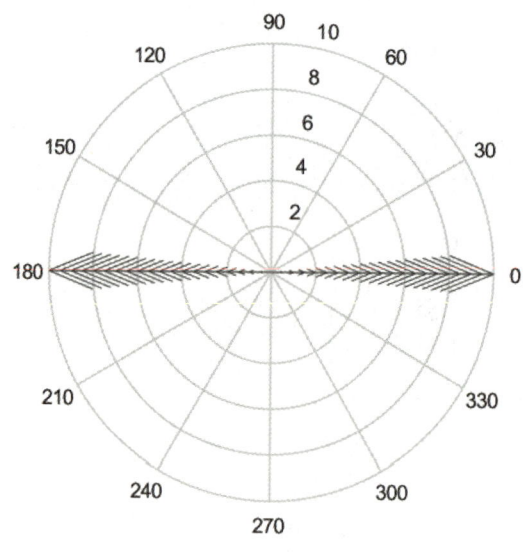

图 5-19 罗盘图绘制实例

2．羽状图

羽状图用于绘制速度向量图。MATLAB 中提供 feather 函数用于绘制羽状图。其基本调用格式如下：

feather(U,V)：起点为横坐标的第 i 个刻度，终点在（U(i),V(i)）。

feather(Z)：Z 是复数，feather(real(Z),imag(Z))。

【例 5-18】 羽状图绘制实例。

```
>> x=linspace(-pi,pi,50);
>> y=sin(x);
>> feather(x,y)
```

程序运行结果如图 5-20 所示。

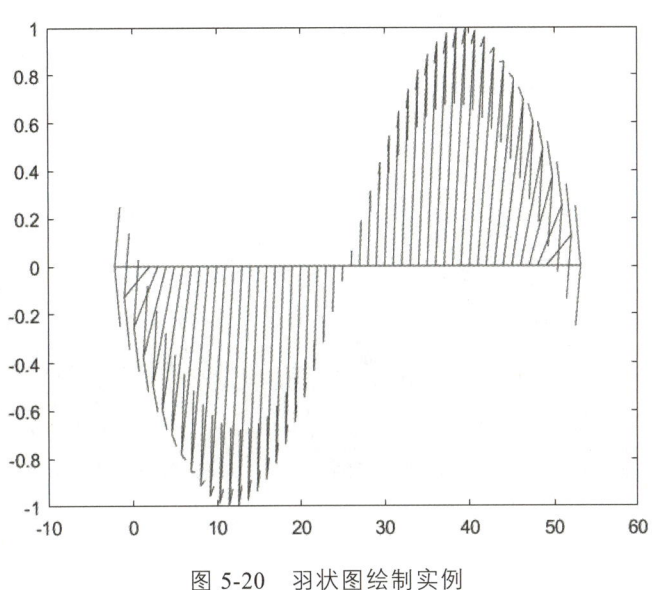

图 5-20 羽状图绘制实例

3．向量场图

quiver 函数用于绘制向量场图。其基本调用格式如下：

quiver(u,v)：在 xy 平面上等间距地绘制向量(u,v)。

quiver(x,y,u,v)：在指定位置(x,y)处绘制向量(u,v)。

向量场图通常与其他图配合使用，使用 hold on 命令，以确保多图同时显示在一个坐标轴上。

【例 5-19】 向量场图绘制实例。

```
>> [X,Y,Z]=peaks(25);        %使用 peaks 产生三维数据
>> contour(X,Y,Z,12);        %绘制等高线图
>> [u,v]=gradient(Z);        %利用 Z 生成向量(u,v),u 和 v 是 Z 的偏导数
>> hold on
>> quiver(X,Y,u,v)
```

程序运行结果如图 5-21 所示。

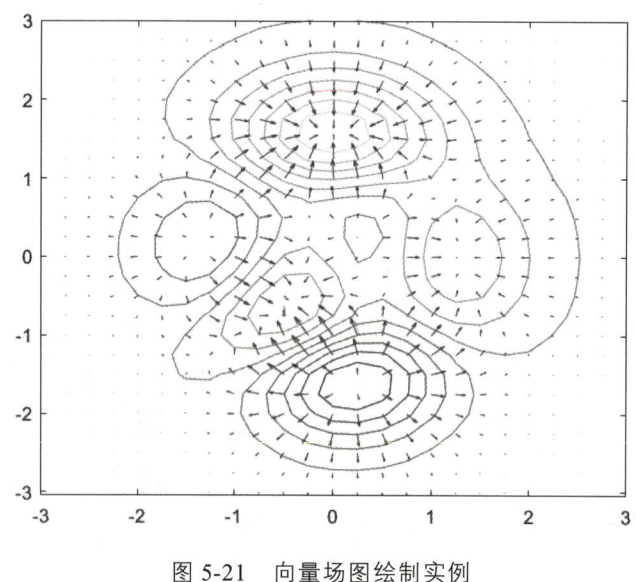

图 5-21　向量场图绘制实例

5.4　特殊坐标的二维绘图

特殊坐标的二维绘图可以用于某些特定的场合，本节将介绍几种常见特殊坐标的二维绘图函数。

5.4.1　双纵坐标绘图

很多时候需要将同一个自变量（如时间）的两个不同量纲和量级的因变量同时绘制在同一个图形窗口中进行比较，这时需要使用两个纵坐标轴来表现不同的因变量。

MATLAB 中提供 plotyy() 函数来实现上述功能，其基本调用格式如下：

```
plotyy(x1,y1,x2,y2)
```

绘制的图形左纵坐标表示（x1,y1）的曲线，右纵坐标表示（x2,y2）的曲线。

【例 5-20】　双坐标 plotyy 函数实例。

```
x=linspace(0,20,1000);
y1=exp(-2.*x).*sin(pi*x);
y2=2*exp(-0.2.*x).*sin(x);
plotyy(x,y1,x,y2)
```

程序运行结果如图 5-22 所示。

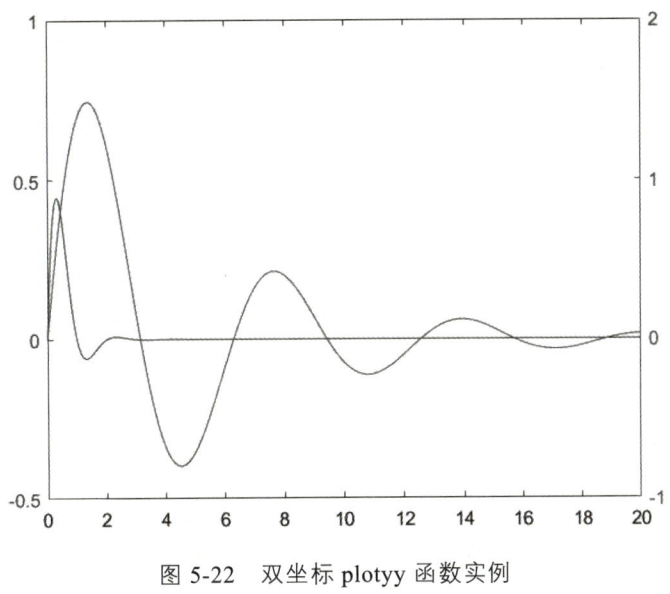

图 5-22 双坐标 plotyy 函数实例

5.4.2 对数坐标绘图

MATLAB 提供了三种对数坐标绘图函数，其基本功能如表 5-7 所示。

表 5-7 对数坐标函数

函数名	功能
semilogx	对 x 轴的刻度求常用对数（以 10 为底），而 y 轴为线性刻度
semilogy	对 y 轴的刻度求常用对数（以 10 为底），而 x 轴为线性刻度
loglog	对 x、y 轴的刻度均求常用对数（以 10 为底）

这三个函数的具体调用方式与 plot 函数基本相同。

【例 5-21】 对数坐标绘图实例。

```
>> x = 0:100;
>> y = exp(1/100*pi*x);
>> subplot(221); plot (x,y)
>> axis tight; title(' plot 常规绘图');
>> subplot(222); semilogx (x,y)
>> axis tight; title(' semilogx 函数绘图');
>> subplot(223); semilogy (x,y)
>> axis tight; title(' semilogy 函数绘图');
>> subplot(224); loglog (x,y)
>> axis tight; title(' loglog 函数绘图');
```

程序运行结果如图 5-23 所示。

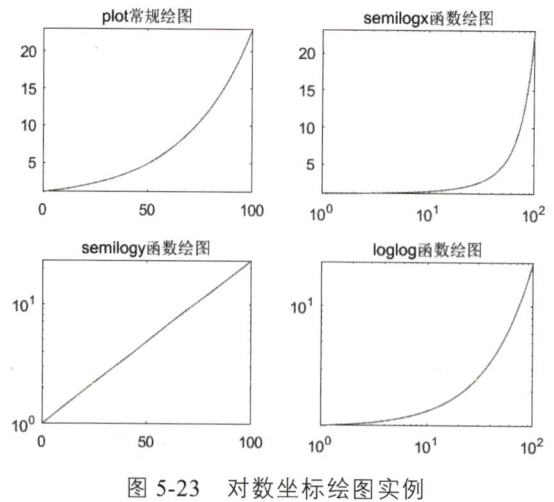

图 5-23　对数坐标绘图实例

5.4.3　极坐标绘图

MATLAB 提供 polar 函数来绘制极坐标形式的图形，其基本调用格式如下：

polar(theta,rho,LineSpec)

其中，theta 为极角；rho 为极径；LineSpec 用于设置极坐标图形中线条的属性，用法同 plot 中 LineSpec 属性设置。

【例 5-22】　极坐标绘图实例。

theta=linspace(0,3*pi,200);
rho=sin(1/3*theta).*cos(1/9*theta);
polar(theta,rho,'p')

程序运行结果如图 5-24 所示。

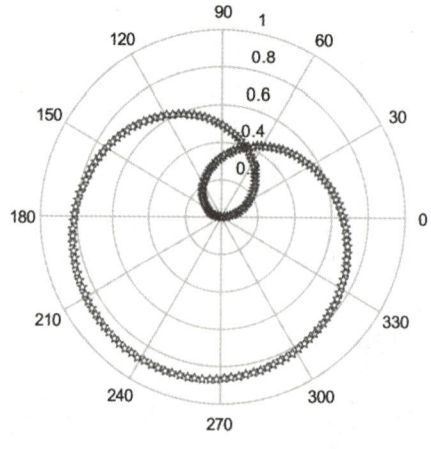

图 5-24　极坐标绘图实例

5.5 函数绘图

前面讲到的绘图采用了已有的离散数据，在绘图时一般都是等间隔采样。在实际应用中，函数随自变量的变化趋势常常是未知的，可能在不同的区域内表现出很大的变化差异，如果还采用等间隔采样，使用 plot 命令绘制的图形会显得很粗糙。

针对这种情况，MATLAB 提供了 fplot 函数和 ezplot 函数来绘制这类图形。

5.5.1 fplot 函数

fplot() 函数可自适应地对函数进行采样，能更好地反映函数的变化规律，其常用调用格式如下：

```
fplot(fun,limits,LineSpec)
```

其中，fun 为待绘制的函数，通常采用函数句柄的形式，也可以是字符串形式，很多 MATLAB 函数都支持这种用法。Limits 为 x 轴的取值范围，默认值为[-5,5]。其 LineSpec 选项与 plot 函数相同，表示图形的线型、点型和颜色。

【例 5-23】 fplot 函数绘图实例。

```
>> subplot(2,1,1)
>> fplot(@(x) sin(1./x),[0,0.2], 'b')
>> subplot(2,1,2)
>> x=0:0.005:0.2;
>> y=sin(1./x);
>> plot(x,y)
```

程序运行结果如图 5-25 所示，与采用等分法取点的 plot 函数相比，fplot 在函数左端取点密集，画出的曲线更加平滑、准确，而 plot 函数画出来的曲线明显失真。

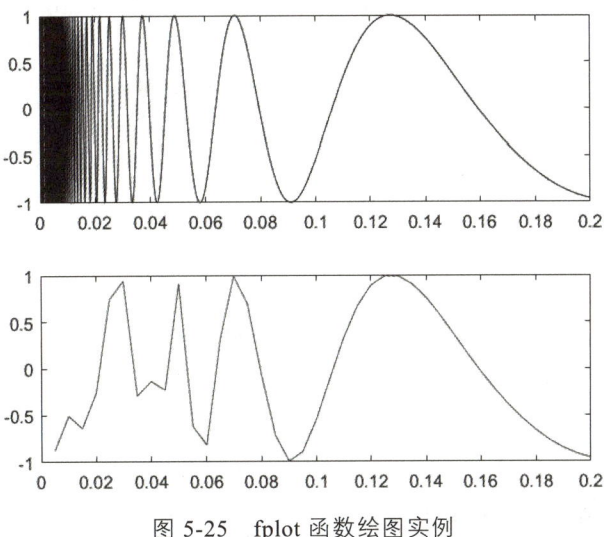

图 5-25 fplot 函数绘图实例

5.5.2 ezplot 函数

该函数典型的调用格式如下：

```
ezplot(fun)
ezplot(fun,[xmin,xmax])
ezplot(fun2)
ezplot(fun2,[xymin,xymax])
ezplot(fun2, [xmin,xmax,ymin,ymax])
ezplot(funx,funy)
ezplot(funx,funy,[tmin,tmax])
```

其中，fun 为待绘制的函数；ezplot(fun)表示在默认区间 $-2\pi < x < 2\pi$ 绘制 $f = f(x)$ 的图形。可通过[xmin,xmax]来设置自变量范围；fun2 为隐函数，自变量为 x、y，ezplot(fun2)表示在默认区间 $-2\pi < x < 2\pi$ 和 $-2\pi < y < 2\pi$ 绘制 $f(x,y) = 0$ 的图形。自变量的使用同 fun；funx、funy 为对自变量 t 的函数，自变量的使用同 fun。

【例 5-24】 ezplot 函数绘图实例。

```
>> subplot(221);ezplot('x^2+y^2-6')
>> subplot(222);ezplot('x^3',[-2,2])
>> subplot(223);ezplot('x^2-y^2-2',[-6,6,-6,6])
>> subplot(224);ezplot('cos(x)','sin(x)')
```

程序运行结果如图 5-26 所示。

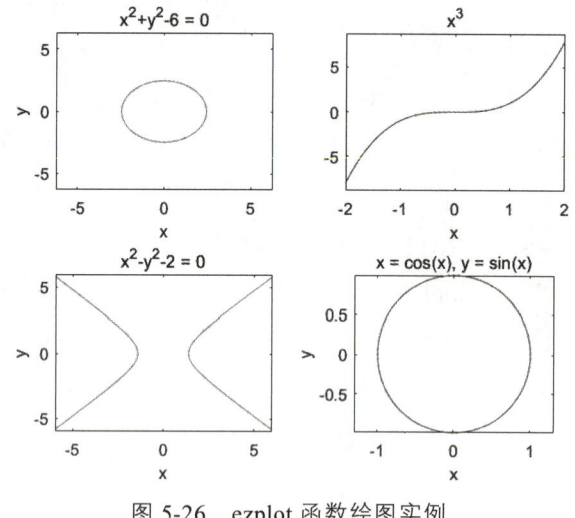

图 5-26　ezplot 函数绘图实例

5.6 三维绘图简介

三维图形包括三维曲线图形和三维曲面图形。三维曲线图形由 plot3 函数实现，三维曲面图形由 mesh 函数和 surf 函数实现。三维绘图也有类似二维绘图的条形图、扇形图、阶梯图等特殊绘图，限于篇幅，在此就不介绍了。

5.6.1 三维曲线绘图

在 MATLAB 中，提供 plot3 函数用于绘制三维曲线，其基本调用格式如下：

>plot3(x,y,z,LineSpec)

其中，每一组 x、y、z 组成一组曲线的坐标参数；其 LineSpec 的定义与 plot 相同，表示使用指定的线型、标记和颜色创建绘图。

【例 5-25】 plot3 绘制三维曲线实例。

```
>> t=linspace(0,10*pi,200);
>> x=sin(t)+t.*cos(t);
>> y=cos(t)-t.*sin(t);
>> z=t;
>> plot3(x,y,z,'b')
>> grid on
```

程序运行结果如图 5-27 所示。

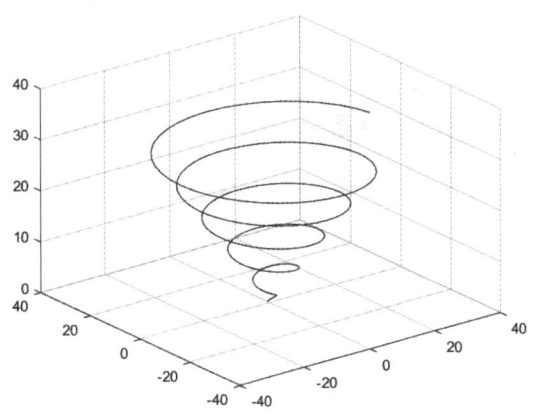

图 5-27 plot3 绘制三维曲线实例

5.6.2 三维曲面绘图

MATLAB 提供的绘制三维曲面的函数有 mesh 和 surf。mesh 用于绘制在某一区间内完整的网格曲面，而 surf 则可以绘制出三维曲面图。两个函数的调用格式基本相同，这里仅给出基本调用格式：

>mesh(x,y,z),surf(x,y,z)

其功能分别是绘制出一个网格图以及绘制出一个曲面图，图像的颜色由高度向量 z 来确定，即图像的颜色与高度成正比。

【例 5-26】 三维曲面绘图实例。

```
>> [x,y]=meshgrid(0:0.1:2,1:0.1:3);   %用 meshgrid 函数生成平面网格数据。
>> z=(x-1).^2+(y-2).^2-1;
>> subplot(2,2,1);
>> mesh(x,y,z);title('网格曲面绘图')
>> subplot(2,2,2);
>> meshz(x,y,z);title('具有底座的网格曲面绘图')
>> subplot(2,2,3);
>> surf(x,y,z);title('三维曲面绘图')
>> subplot(2,2,4);
>> surfc(x,y,z);title('具有等高线的曲面绘图')
```

程序运行结果如图 5-28 所示。

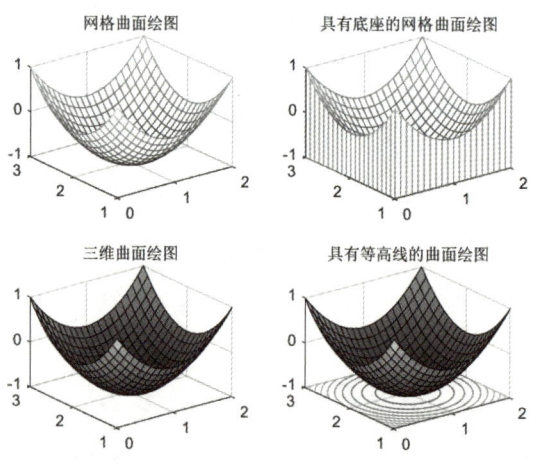

图 5-28 三维曲面绘图实例

提示：meshz(X,Y,Z)和 surfc(x,y,z)函数，meshc(X,Y,Z)表示在原有函数 mesh 创建的网格曲面基础上，在其周围创建帷幕，即底座。surfc 表示在原有函数 surf 创建的三维曲面基础上，在其下方创建等高线图。类似地，三维绘图还有很多其他用法，读者可以根据需求查阅在线帮助文件。

习题 5

1. 绘出二维五边形图形，并用蓝色填充。
2. 编写在[0,1]区间上计算函数值 $y=\sin(\tan(\pi x))$ 的函数 M 文件 ffm.m，并编写脚本，使用调用脚本方式绘制函数图形。

3. 绘制函数曲线。

（1）设 $y = \left(0.5 + \dfrac{3\sin x}{1+x^2}\right)\cos x$，把 $x = 0 \sim 2\pi$ 区间分为 101 点，绘制函数的曲线。

（2）已知：

$$y = \begin{cases} \dfrac{x+\sqrt{\pi}}{\mathrm{e}^2}, & x \leqslant 0 \\ \dfrac{1}{2}\ln(x+\sqrt{1+x^2}), & x > 0 \end{cases}$$

在 $-5 \leqslant x \leqslant 5$ 区间绘制函数曲线。

（3）绘制极坐标曲线 $\rho = 10\sin(1+5\theta)$。

4. 已知 $y_1 = x^2$，$y_2 = \cos(2x)$，$y_3 = y_1 \times y_2$，完成下列操作。

（1）在同一坐标系下用不同的颜色和线型绘制 3 条曲线，并在绘制出的图上标记如图 5-29 所示的带箭头文字。

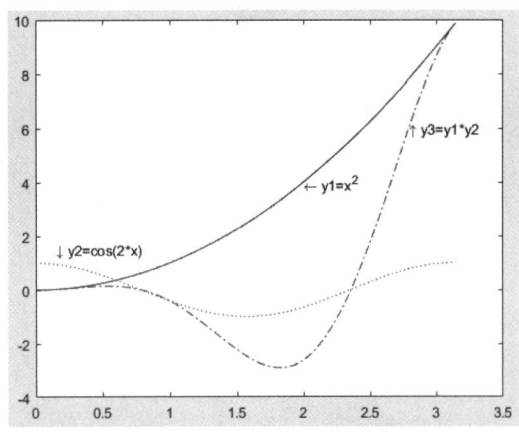

图 5-29　第（1）题

（2）分别用条形图、阶梯图、杆图和填充图绘制 $y_3 = y_1 \times y_2$ 曲线，且四个图形都以如图 5-30 所示的子图形式呈现。提示：阶梯图用 stairs(x,y)；杆图用 stem(x,y)；填充用 fill(x,y, ColorSpec)。

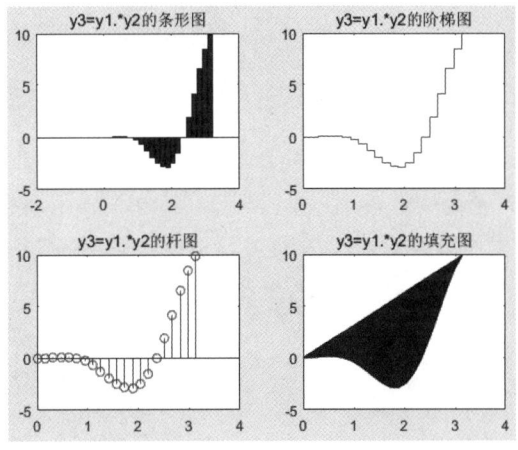

图 5-30　第（2）题

5. 绘制三维曲线。

$$\begin{cases} x = \left(2 + \cos\dfrac{t}{2}\right)\cos t \\ y = \left(2 + \cos\dfrac{t}{2}\right)\sin t, \quad 0 \leqslant t \leqslant 2\pi \\ z = \sin\dfrac{t}{2} \end{cases}$$

第 5 章彩图

第 6 章

常用数学运算

6.1 多项式的计算

多项式运算是数学中最基本的运算之一，也是线性系统分析和设计的重要内容。MATLAB 提供多个函数用于解决多项式问题。

6.1.1 多项式的表达和创建

在 MATLAB 中，约定多项式按照降幂排列，降幂多项式在 MATLAB 中可以用行向量来表示。因而多项式的系数按照降幂的顺序直接输入，如果有缺项，则该项系数为 0。

对于多项式的一般形式 $f(x) = a_n x^n + a_{n-1} x^{n-1} + \cdots + a_1 x^1 + a_0$，使用降幂系数的行向量来表示为 $\boldsymbol{P} = [a_n, +a_{n-1}, \cdots a_1, a_0]$，由此就把多项式问题转化为向量问题。

【例 6-1】 创建多项式 $p(x) = x^4 - 3x^3 + 5x - 6$ 实例。

```
>> p=[1,-3,0,5,-6]              %x 二次项为 0

p =

     1    -3     0     5    -6
```

提示：在命令 p=[1,-3,0,5,-6] 中，若写掉了 2 次项的系数 0，则多项式变为 $p(x) = x^3 - 3x^2 + 5x - 6$。注意多项式系数缺项一定要补 0。

6.1.2 多项式的四则运算

1．多项式的加减法

多项式加减法为数组加减法。注意：只有长度相同的向量才能相加减，缺项的向量必须补足若干对应的零元素。

【例 6-2】 求两多项式 $p_1(x) = 2x^3 - 4x^2 + 6x + 5$ 与 $p_2(x) = 6x^2 + 5x - 4$ 之和。

```
>> p1=[2,-4,6,5];
>> p2=[0,6,5,-4];
>> c=p1+p2

c =

     2     2    11     1

>> poly2str(c,'x')              %使用 poly2str 函数将多项式表示为字符串形式的函数
```

```
ans =
    2 x^3 + 2 x^2 + 11 x + 1
```

结果为 $c = 2x^3 + 2x^2 + 11x + 1$。

2．多项式的乘法

多项式乘法用 conv 指令，这也是卷积指令。其基本调用格式如下：

```
c=conv(a,b)
```

对于 m 维向量和 n 维向量，则乘积 c 向量的维数为 $m+n-1$，输出 c 向量为结果多项式的系数数组。

【例 6-3】 求两多项式 $p_1(x) = 2x^3 - 4x^2 + 6x + 5$ 与 $p_2(x) = 6x^2 + 5x - 4$ 之积。

```
>> p1=[2,-4,6,5];
>> p2=[0,6,5,-4];
>> c1=conv(p1,p2)

c1 =
    0    12   -14    8    76    1   -20

>> poly2str(c1,'x')

ans =
    12 x^5 - 14 x^4 + 8 x^3 + 76 x^2 +   x - 20
```

结果为 $c = 12x^5 - 14x^4 + 8x^3 + 76x^2 + x - 20$。

3．多项式的除法

除法为乘法的逆运算，所以在 MATLAB 中采用反卷积函数 deconv 作为除法操作指令。其基本调用格式如下：

```
>[q,r]=deconv(u,v)
```

因为不一定除得尽，故商包含两部分，即输出两个变量：q 为商多项式，r 为余数（也可为多项式，但次数应小于除式的次数）。

【例 6-4】 接上例求 $(12x^5 - 14x^4 + 8x^3 + 76x^2 + x - 20)/(2x^3 - 4x^2 + 6x + 5)$ 的商。

```
>> [q,r]=deconv(c1,p1)

q =
    0    6    5   -4
```

r =

  0 0 0 0 0 0 0 0

```
>> eq(q,p2)           %判断多项式 q 是否与 p2 相等
```

ans =

 1 × 4 logical 数组

  1 1 1 1

【例 6-5】 求 $(12x^5-14x^4+8x^3+76x^2+x-20)/[(2x^3-4x^2+6x+5)+3]$ 的商。

```
>> [q,r]=deconv(c1,p1+3)
```

q =

  0 2.4000 -2.3200 -3.1840

r =

  0 0 0 0 74.4960 48.2160 5.4720

此例中，多项式的商没有除尽，有余数 r，反过来，进行求积运算验证。

```
>> conv(p1+3,q)+r
```

ans =

  0 12.0000 -14.0000 8.0000 76.0000 1.0000 -20.0000

结果正是以 c1 向量为系数的多项式。

6.1.3 多项式求导

MATLAB 中提供 polyder 函数用于对多项式进行求导。其基本调用格式如下：

k=polyder(p)
[q,d]=polyder(a,b)

k=polyder(p)返回 p 中系数表示的多项式的导数

$$k(x)=\frac{\mathrm{d}p(x)}{\mathrm{d}x}$$

[q,d]=polyder(a,b)返回多项式 a 和 b 的商的导数

$$\frac{q(x)}{d(x)} = \frac{\mathrm{d}}{\mathrm{d}x}\left(\frac{a(x)}{b(x)}\right)$$

【例 6-6】 对多项式 $p(x) = x^3 - 3x^2 + 5x - 6$ 求导。

```
>> p=[1,-3,5,-6];
>> d=polyder(p)

d =

     3    -6     5

>> poly2str(d,'x')        %使用 poly2str 函数将多项式表示为字符串形式的函数

ans =

   3 x^2 - 6 x + 5
```

可以看到，对多项式 $p(x)$ 求导的结果为 $p'(x) = 3x^3 - 6x + 5$。

【例 6-7】 对分式 $p(x) = \dfrac{3x^2 + 5x - 6}{2x + 1}$ 求导。

```
>> p1=[3,5,-6];
>> p2=[2,1];
>> [q,d]=polyder(p1,p2)

q =

     6     6    17

d =

     4     4     1
```

结果为 $\dfrac{\mathrm{d}p(x)}{\mathrm{d}x} = \dfrac{6x^2 + 6x + 17}{4x^2 + 4x + 1}$。

6.1.4 多项式积分

MATLAB 中提供 polyint 函数用于对多项式进行积分运算。其基本调用格式如下：

q = polyint(p,k)

q = polyint(p)

q = polyint(p,k)：返回多项式 p 的积分，积分常量为 k。

q = polyint(p)：返回多项式 p 的积分，积分常量默认值为 0。

【例 6-8】 对多项式 $p(x) = 5x^4 + 4x^3 - 6x^2 + x + 3$ 积分。

```
>> p=[5,4,-6,1,3];
>> q=polyint(p)

q =

    1.0000    1.0000   -2.0000    0.5000    3.0000         0

>> poly2str(q,'x')

ans =

   x^5 +   x^4 - 2 x^3 + 0.5 x^2 + 3 x
```

6.1.5 多项式求值

给定自变量值时，MATLAB 中提供 polyval 函数用于对多项式进行求值运算。其基本调用格式如下：

y = polyval(p,x)

计算多项式 p 在 x 的每个点处的值。参数 p 是长度为 n+1 的向量，其元素是 n 次多项式的系数（降幂排序）：$p(x) = p_1 x^n + p_2 x^{n-1} + \cdots + p_n x + p_{n+1}$。

【例 6-9】 计算多项式 $p(x) = 2x^4 - 3x^3 + 4x^2 + 5$ 的值。

```
>> p=[2,-3,4,0,5];
>> x=linspace(-2,2,5)

x =

    -2    -1     0     1     2

>> y=polyval(p,x)

y =

    77    14     5     8    29
```

6.1.6 多项式求根

找出多项式的根，即找出使多项式为 0 的值，是很多学科共同的问题。MATLAB 中，提供函数 roots 来求解多项式的根。其基本调用格式为

```
>r=roots(p)
```

输入变量 p 为多项式的系数向量，输出变量 r 为求出的多项式的根，以列向量的形式保存。

【例 6-10】 求解多项式 $p(x) = 3x^4 - 10x^3 - 11x^2 + 10x + 8$ 的根。

```
>> p=[3,-10,-11,10,8];
>> x=roots(p)

x =

    4.0000
    1.0000
   -1.0000
   -0.6667
```

6.2 插值与拟合

在工程应用中，很多时候不能直接用分析方法求得系统变量之间的函数关系，往往是依据已经测得的离散点数据，运用各种拟合方法来生成一条连续的曲线表示未知函数的变化关系，这就是插值和拟合方法。

6.2.1 插值

使用插值方法，可以通过有限点来建立简单连续的解析模型，并根据该模型得到未知点处的值。插值的方法很多，这里主要介绍常用的一维插值和二维插值。

1．一维插值

在 MATLAB 中，提供 interp1 函数来实现一维插值，该函数的基本调用格式如下：

```
yi=interp1(x,Y,xi)
yi=interp1(x,Y,xi,method)
```

其中，x 为自变量的取值向量；Y 为对应的函数值；xi 为插值点；yi 为插值结果；method 为插值方法。表 6-1 列举了常用的插值方法。

表 6-1 常用的插值（method）方法

方法	说明	方法	说明
'nearest'	临近点插值	'linear'	线性插值（默认）
'spline'	三次样条插值	'pchip'	同'cubic'
'cubic'	分段三次 Hermite 插值		

【例 6-11】 一维插值实例。

```
>> x=-10:10;
>> y=sin(x);
>> plot(x,y,'*b')        %标记样本点位置
>> xi=-10:.3:10;         %设置新插值点
>> figure
>> subplot(2,2,1)
>> yi=interp1(x,y,xi,'nearest');
>> plot(xi,yi)
>> title('临近点插值')
>> subplot(2,2,2)
>> yi=interp1(x,y,xi,'linear');
>> plot(xi,yi)
>> title('线性插值')
>> subplot(2,2,3)
>> yi=interp1(x,y,xi,'pchip');
>> plot(xi,yi)
>> title('分段三次 Hermite 插值')
>> subplot(2,2,4)
>> yi=interp1(x,y,xi,'spline');
>> plot(xi,yi)
>> title('三次样条插值')
```

输出的图像如图 6-1 所示，其中左边图为样本点位置图，右边为采用四种插值方法得到的插值效果。可以看到，临近点插值法得到的曲线光滑度最差，三次样条插值法得到的曲线光滑度最好。

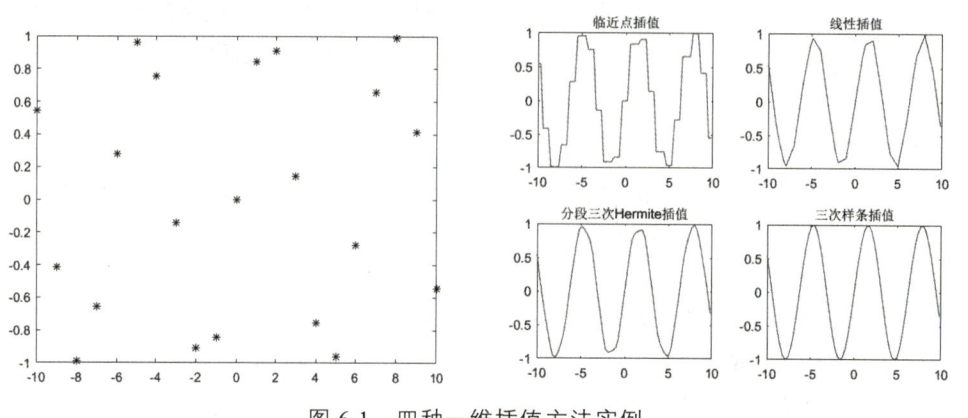

图 6-1 四种一维插值方法实例

2．二维插值

当函数依赖于两个自变量时,插值函数就是一个二维函数,此时插值为二维插值。MATLAB 中提供 interp2 函数来实现二维插值,主要应用于图像处理和三维曲线等领域。interp2 函数和 interp1 函数很相似,其基本调用格式如下:

> Vi=interp1(X,Y,Z,Xi,Yi,method)

其中,(X,Y,Z)是已知样本点;Xi 和 Yi 是新的插值点。二维插值方法取值基本与一维插值方法相同,但二维插值不再支持'pchip'方法。

【例 6-12】 二维插值函数 interp2 实例。

```
>> [X,Y] = meshgrid(-3:.5:3);
>> Z=peaks(X,Y);
>> subplot(221); surf(X,Y,Z),axis tight,title('样本')
>> [Xi,Yi] = meshgrid(-3:.2:3);
>> Zi1=interp2(X,Y,Z,Xi,Yi,'nearest');
>> subplot(222); surf(Xi,Yi,Zi1)
>> axis tight
>> title('最近点二维插值')
>> title('线性二维插值')
>> Zi2=interp2(X,Y,Z,Xi,Yi);
>> subplot(223); surf(Xi,Yi,Zi2)
>> axis tight
>> title('线性二维插值')
>> Zi3=interp2(X,Y,Z,Xi,Yi,'spline');
>> subplot(224); surf(Xi,Yi,Zi3)
>> axis tight
>> title('三次样条二维插值')
```

程序运行结果如图 6-2 所示。从图中可以看出三种示例插值效果中,最近点二维插值曲面光滑度比较差,三次样条二维插值曲面光滑度最好。

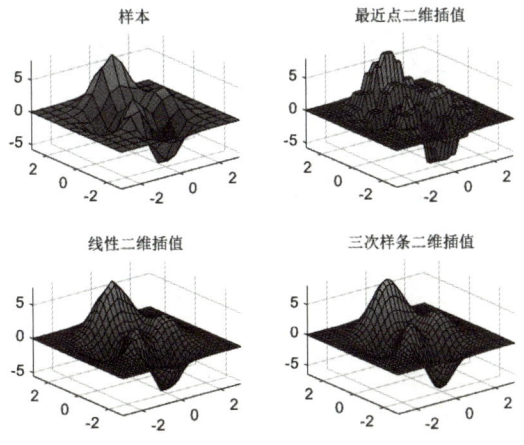

图 6-2　二维插值函数 interp2 实例

6.2.2 曲线拟合

曲线拟合问题，是指已知平面上有 n 个点（x_i, y_i），$i=1,2,\cdots,n$，其中 x_i 互异，需要找到一个曲线函数 $y=f(x)$，使得 $f(x)$ 在某种准则下与所有数据点最为接近。曲线拟合与数据插值都是函数逼近方法。但相对于插值计算要求插值函数通过所有样本点，曲线拟合不要求所构造的函数全部通过样本点，而是"尽可能地逼近"它们。曲线拟合实际是求一个系数向量，该系数向量是一个多项式的系数。本节着重介绍 MATLAB 的多项式拟合方法。

在 MATLAB 中，提供函数 polyfit 用于多项式的拟合计算，该函数的基本调用格式如下：

```
p=polyfit(x,y,n)
```

其中，x、y、n 为输入的 x 值、y 值和拟合多项式的阶次；p 为得到的多项式系数。

【例 6-13】 使用 polyfit 函数进行曲线拟合实例。

```
>> x=(-5:0.5:5)';
>> x1=(0:0.05:5)';
>> y=(2*x+3).*sin(x);
>> subplot(221);
>> plot(x,y,'*')
>> title('样本')
>> subplot(222);
>> p1=polyfit(x,y,3);
>> f1=polyval(p1,x);
>> plot(x,y,'*',x,f1,'b')
>> title('进行 3 阶拟合')
>> subplot(223);
>> p1=polyfit(x,y,9);
>> f1=polyval(p1,x);
>> plot(x,y,'*',x,f1,'r')
>> title('进行 9 阶拟合')
>> subplot(224);
>> p1=polyfit(x,y,24);
>> f1=polyval(p1,x);
>> plot(x,y,'*',x,f1,'b')
>> title('进行 24 阶拟合')
```

程序运行结果如图 6-3 所示。

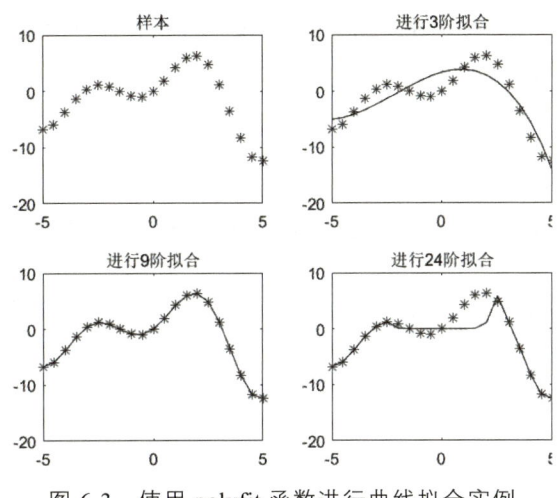

图 6-3 使用 polyfit 函数进行曲线拟合实例

从图 6-3 中可以看出，在此例中 9 阶多项式的拟合效果最好，这说明多项式拟合的阶次并非越多越好。

6.3 数值微积分

MATLAB 提供了多个函数用于数值积分运算。常用的数值积分函数的功能如表 6-2 所示。

表 6-2 常用的 MATLAB 数值积分函数

函数	功能	函数	功能
integral	数值积分	cumtrapz	累积梯形数值积分
integral2	二重数值积分	polyint	多项式积分
integral3	三重数值积分	trapz	梯形数值积分
quadgk	自适应 Gauss-Kronrod 数值积分	dblquad	双重矩形数值积分
quadv	向量阵数值积分	diff	数值微分
quad2d	双重数值积分	gradient	数值梯度
triplequad	三重数值积分	polyder	多项式求导

下面只对部分常用函数的使用方法进行说明。

6.3.1 数值积分

1. 一元函数数值积分

MATLAB 提供 integral、quadgk 等函数用于一元函数数值积分。
integral 函数基本调用格式如下：

```
q=integral(fun,xmin,xmax)
```

其中，fun 为被积函数；q 为积分值；xmin、xmax 为积分下、上限。功能为使用全局自适应积分方式和默认误差容限在 xmin 至 xmax 间求积分。

quadgk 函数基本调用格式如下：

```
q=quadgk(fun,a,b)
```

使用高阶自适应 Gauss-Kronrod 数值积分和默认误差容限在 a 至 b 间对函数句柄 fun 求积分。

【例 6-14】 一元函数积分实例。

```
>> fun=@(x) 2*(x.^2).*exp(-x.^2);
>> a=0;b=1;
>> q1=integral(fun,a,b)

q1 =

    0.3789

>> q2=quadgk(fun,a,b)

q2 =

    0.3789
```

2．二元函数数值积分

MATLAB 提供 integral2、quad2d 等函数用于二元函数数值积分。

integral2 函数基本调用格式如下：

```
q=integral2(fun,xmin,xmax,ymin,ymax)
```

其中，fun 为被积函数；q 为积分值；xmin、ymin 分别为 x、y 取值的下限；xmax、ymax 分别为 x、y 取值的上限。

quad2d 函数基本调用格式如下：

```
q=quad2d(fun,a,b,c,d)
```

逼近 fun(x,y) 在平面区域 $a \leqslant x \leqslant b$ 和 $c(x) \leqslant y \leqslant d(x)$ 上的积分。边界 c 和 d 均可为标量或函数句柄。

【例 6-15】 二元函数积分实例。

```
>> fun=@(x,y) 2*(y.^2).*exp(-x.^2);
>> Q1=integral2(fun,0,1,0,1)
```

```
Q1 =

    0.4979

>> Q2=quad2d(fun,0,1,0,1)

Q2 =

    0.4979
```

6.3.2 数值微分

在 MATLAB 中没有直接提供计算微分的函数。其原因是：在浮点体系中，由于数值精度有限，不能表示无穷小量，不能准确描述一个数的领域。但可以用多项式求导 polyder 函数（见 6.1.3 节）和用 diff 差分函数来实现数值微分。

1．差分函数

MATLAB 提供函数 diff 来进行差分，其基本调用格式如下：

```
Y = diff(X)
Y = diff(X,n)
Y = diff(X,n,dim)
```

如果 X 是长度为 m 的向量，则 Y = diff(X) 返回长度为 m − 1 的向量。Y 的元素是 X 相邻元素之间的差分，Y = [X(2) − X(1); X(3) − X(2); …; X(m) − X(m − 1)]。

如果 X 是不为空的非向量 p × m 矩阵，则 Y = diff(X) 返回大小为 (p − 1) × m 的矩阵，其元素是 X 的行之间的差分，Y = [X(2,:) − X(1,:); X(3,:) − X(2,:); …; X(p,:) − X(p − 1,:)]。

Y=diff(X,n) 指令对矩阵 X 的列矢量计算 n 阶差分，n 应小于或等于矩阵列矢量的元素数。

Y = diff(X,n,dim) 指令对矩阵 X 中，由 dim 代表的维度做差分计算，如果 n 大于或等于 dim 的维元素数，则返回空矩阵。

【例 6-16】 对矩阵 X，做不同情况下的差分运算。

```
>> X=[2,4,6;7,5,3]

X =

     2     4     6
     7     5     3

>> z1=diff(X)

z1 =
```

```
         5     1    -3

>> z2=diff(X,1,1)     % 对 X 的每列进行一阶差分计算,结果为后行减前行,同 diff(X)

z2 =
         5     1    -3

>> z3=diff(X,1,2)     % 对 X 的每行进行一阶差分计算,结果是后列减前列

z3 =
         2     2
        -2    -2

>> z4=diff(X,2,2)     % 对 X 每行进行二阶差分计算

z4 =
         0
         0

>> z5=diff(X,3,1)     % 对每行进行三阶差分计算,结果得到一个空矩阵

z5 =
    空的  0×3 double  矩阵
```

2. 微分和导数

一阶差分 $\Delta f(x) = f(x+h) - f(x)$,一阶差商 $\dfrac{\Delta f(x)}{\Delta x} = \dfrac{f(x+h) - f(x)}{h}$,当增量 h 很小时,差分 $\Delta f(x)$ 与微分 $\mathrm{d}f(x)$ 之间的差异将很小,所以可用 diff 粗略求微分,同样,导数可近似用差商计算,$\dfrac{\mathrm{d}f(x)}{\mathrm{d}x} \approx \dfrac{\Delta f(x)}{\Delta x} = \dfrac{f(x+h) - f(x)}{h}$。另外,也可用 gradient(f,h) 梯度函数作为数值计算近似公式求导数。gradient 函数的基本调用格式如下:

```
FX = gradient(F)
[FX,FY] = gradient(F)
[FX,FY,FZ,...,FN] = gradient(F)
```

其中,F 为原函数;FX、FY、FZ 等为求得的各个维度的梯度。

【例 6-17】 微分及求导实例。

```
>> h=0.0001;x=0:h:pi/2;
>> y=sin(x.^2);
```

```
>> y1=diff(y)/h;
>> y2=cos(x.^2)*2.*x;
>> y3=gradient(y,h);
>> plot(x,y,'k',x(1:end-1),y1+0.2,'r',x,y2,'b',x,y3-0.2,'m')
>> legend('原函数','用差分之商求导','用求导公式求导',...
>>        '用求梯度公式求导','Location','best')
```

程序运行结果如图 6-4 所示。图中黑色线为原函数曲线。通过三种方法求导并作图显示三条求导后的函数曲线。为了显示效果，上下曲线（分别为差分之商求导曲线、梯度公式求导曲线）是分别经过上、下平移 0.2 个单位得到的，否则基本会重合在一起。

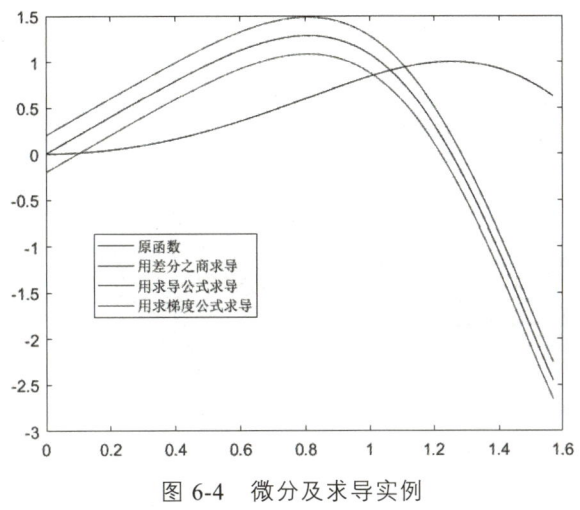

图 6-4　微分及求导实例

从此例中可看出，三种方法求导结果大致相同，也进一步说明当 Δx 很小时，可用 diff 粗略求微分，同样地，导数可近似用差商计算。

6.4　常微分方程求解

常微分方程在工程技术中应用非常广泛，很多学科领域研究过程中遇到的问题，都可以化为求微积分的解及研究解的性质。然而，只有一些典型的常微分方程，才能求出其一般解的表达式。在实际问题中，往往可以求出常微分方程的数值解以逼近解析解。

因为没有一种算法可以有效地解决所有的常微分方程问题，所以在 MATLAB 中，有多个函数用于求常微分方程的数值解。其中，ode45 是最常用的求解微分方程函数，ode23 与 ode45 类似，只是精度低一些。此处仅介绍 ode45 函数，其基本调用格式如下：

```
[t,Y] = ode45(odefun,tspan,y₀)
```

其中，odefun 是待解微分方程的函数文件句柄。该函数文件的输出必须是特解函数的一阶导数。不管原问题中是不是一阶微分方程组，当使用 ode45 求解时，必须转化成一阶微分方程组形式 $y' = f(y,t)$。tspan 形式为 $[t_0, t_f]$，为积分区间。y_0 为函数的初始值条件向量。

【例 6-18】 求解范德波尔振荡器微分方程 $\dfrac{d^2 y}{dt^2} - \mu(1-y^2)\dfrac{dy}{dt} + y = 0$ 并绘图。

（1）将高阶微分方程组改写成一阶微分方程组。

令 $x_1 = y, x_2 = dy/dt$，则

$$dx_1/dt = x_2$$
$$dx_2/dt = \mu(1-x_2) - x_1$$

且设 $\mu = 5$。

（2）根据上述一阶微分方程组编写 M 文件 verderpol.m：

```
—— verderpol.m ——
function xprime=verderpol(t,x)
MU=5;
xprime=[x(2);MU*(1-x(1)^2)*x(2)-x(1)];
```

（3）在 MATLAB 命令行窗口中输入指令：

```
>> clear
>> Y0=[1;0];
>> [t,x] = ode45('verderpol',40,Y0);
>> x1=x(:,1);
>> plot(t,x1)
```

运行结果如图 6-5 所示。

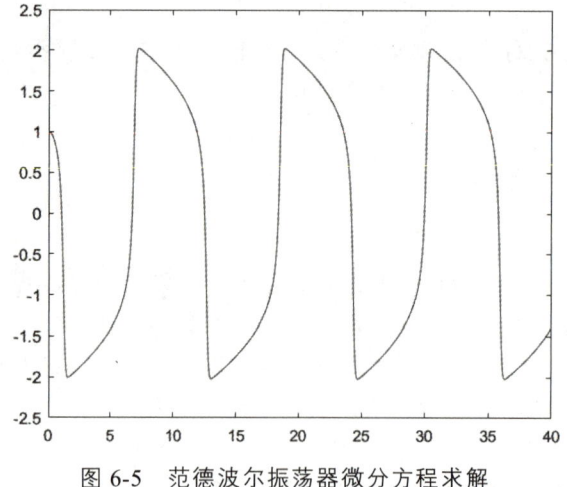

图 6-5 范德波尔振荡器微分方程求解

6.5　MATLAB 符号运算

在工程应用中，除了存在大量的数值计算外，还有对符号对象进行的计算。例如，数学公式的推导，允许在运算对象和运算过程中出现非数值的符号对象。MATLAB 符号计算是由

符号运算工具箱来实现的,该工具箱最早依托 Maple 符号计算软件,MATLAB 7.6 版本后,MATLAB 采用数学软件 MuPAD 作为内核,以实现符号计算功能。

6.5.1 符号变量及表达式创建

在 MATLAB 符号运算中定义了一种新的数据类型,称为 sym 类。该类的实例就是符号对象。MATLAB 中提供 sym()和 syms()函数来创建符号变量。其基本调用格式如下:

```
var=sym('var')
syms var1 ... varN
```

var=sym('var') 创建符号变量 var,其类型为 sym,若 var(不带单引号)是一个数字、数值矩阵或数值表达式,则输出结果是将数值对象转换成的符号对象。如果 var(带单引号)是一个字符串,输出结果则是将字符串转成的符号对象。syms var1 ... varN,建立多个符号变量 var1、var2 … varN。

syms var1 … varN,可以一次创建 1~N 个变量。此函数定义变量时,不需要在变量名上加单引号,变量名之间要用空格分隔开。

💡提示:符号变量的命名规则与 MATLAB 数值计算中变量的命名规则相同。

【例 6-19】 创建符号对象实例。

```
>> x=sym('x')              %创建符号变量 x

x =x

>> d=sym(pi/6)             %创建符号常量 d

d =

pi/6

>> sym('x');
>> f=2*x^2+3*x+4           %创建符号函数

f =

2*x^2 + 3*x + 4

>> syms x a b c;
>> eqa=a*x^2+b*x+c==0      %创建符号方程,注意等号与赋值的区别
```

eqa =

a*x^2 + b*x + c == 0

```
>> syms a b c d;
>> M=[a,b;c,d]              %M 为符号矩阵

M =

[ a, b]
[ c, d]

>> M1='[a,b;c,d]'           %对比 M，M1 是一个字符串，不是符号矩阵

M1 =

[a,b;c,d]

>> det(M)                   %求符号矩阵的行列式

ans =

a*d - b*c

>> whos                     %查看创建对象结构类型
  Name      Size        Bytes  Class    Attributes

  M         2x2         8      sym
  M1        1x9         18     char
  A         1x1         8      sym
  Ans       1x1         8      sym
  B         1x1         8      sym
  C         1x1         8      sym
  D         1x1         8      sym
  Eqa       1x1         8      sym
  F         1x1         8      sym
  X         1x1         8      sym
```

6.5.2 符号表达式的简化

在 MATLAB 的符号工具箱中，提供了符号表达式的因式分解、展开、合并、化简及提取分子与分母等操作。

1．因式分解

MATLAB 提供符号表达式因式分解函数 factor，其基本调用格式为

factor(A)

若 A 是多项式或多项式矩阵，且系数是有理数，则该函数将 A 表示成系数为有理数的低阶多项式相乘的形式；如果 A 不能分解成有理多项式乘积的形式，则返回 A 本身。

提示：使用 factor 分解常量时，如果被分解量大于 2^{52}，则需要先用函数 sym 将其定义成符号对象才能被分解，如 factor(sym(2^55))。

【例 6-20】 符号因式分解实例。

```
>> syms x y;
>> f1=x^4-5*x^3+5*x^2+5*x-6;
>> f2=x^4-y^4;
>> f3=sym(1176);                %创建常数符号变量
>> f1=factor(f1)

f1 =

[ x - 1, x - 2, x - 3, x + 1]

>> f2=factor(f2)

f2 =

[ x - y, x + y, x^2 + y^2]

>> f3=factor(f3)

f3 =

[ 2, 2, 2, 3, 7, 7]
```

2．展开

MATLAB 提供函数 expand 用于展开符号表达式，其基本调用格式为

```
expand(A)
```

对 A 中的各个元素符号表达式进行展开,经常用于多项式、三角函数、指数函数、对数函数的展开。

【例 6-21】 符号展开实例。

```
>> syms x y;
>> f=(x+2*y)*(2*x^2-y)-x^2*y;
>> expand(f)

ans =

2*x^3 + 3*x^2*y - x*y - 2*y^2
```

3. 合并

MATLAB 提供 collect 函数实现将符号表达式中同类项合并的功能,其基本调用格式为

```
collect(A)
collect(A,expr)
```

其中,A 可以为表达式或者矩阵;expr 为进行合并操作的项,若 expr 没有指定,则默认地将含有 x 的相同次幂的项进行合并。

【例 6-22】 符号合并实例。

```
>> syms x y;
>> f=(x+2*y)*(2*x^2-y)-x^2*y;
>> collect(f)                %默认按变量 x 合并,同 collect(f,x)

ans =

2*x^3 + 3*x^2*y - x*y - 2*y^2

>> collect(f,y)              %指定按变量 y 合并

ans =

(3*x^2 - x)*y - 2*y^2 + 2*x^3
```

4. 化简

MATLAB 提供 simplify 函数实现将符号表达式的化简功能,其基本调用格式为

```
simplify(A)
```

simplify 函数是一个强有力且具有普遍意义的函数工具。此函数自动搜索符号表达式的最简形式。它可以应用于和式、方根、分数、指数函数、对数函数、三角函数等的表达式。

【例 6-23】 符号化简实例。

```
>> syms x y;        %创建变量
>> f = (x^3 - 1)/(x - 1);           %创建表达式
>> g = exp(x) * exp(x*y);
>> h = 2*sin(x)^2-cos(x)^2;
>> smipl_all=simplify([f; g; h])    %分解三个因式

smipl_all =

    x^2 + x + 1
 exp(x*(y + 1))
 3*sin(x)^2 - 1
```

5．提取分子与分母

MATLAB 提供 numden 函数来提取符号表达式中的分子和分母，其基本调用格式为

[N,D] = numden(A)

此函数将符号表达式 A 中的各元素转化为分子和分母都是整数系数的最佳多项式，并提取分子、分母。

【例 6-24】 numden 提取分子和分母实例。

```
>> syms x;
>> g=3/2*x^2+2/3*x-3/5;
>> [n,d]=numden(g)          %有理化，并提取分子和分母

n =
 45*x^2 + 20*x - 18

d =
 30

>> h=(x^2+3)/(2*x-1)+3*x/(x-1);
>> [n,d]=numden(h)
```

```
n =
x^3 + 5*x^2 - 3

d =
(2*x - 1)*(x - 1)

>> k=[3/2,(2*x+1)/3;4/(x*x),3*x+4];
>> [n,d]=numden(k)          %观察 numden 作用于矩阵的结果

n =
[ 3, 2*x + 1]
[ 4, 3*x + 4]

d =
[   2, 3]
[ x^2, 1]
```

6.5.3 符号表达式的运算

1. 标准符号代数运算

在 MATLAB 新版本中，符号表达式的四则运算与数值运算一样，用+、-、*、/、^运算符实现，其运算结果依然是一个符号表达式。

【例 6-25】 标准符号代数运算实例。

```
>> syms x;
>> f=2*x^2+3*x-5;
>> g=x^2-x+7;
>> f+g              %求 f+g 的表达式
ans =
3*x^2 + 2*x + 2


>> f/g              %求 f/g 的表达式
ans =
(2*x^2 + 3*x - 5)/(x^2 - x + 7)
```

2. 级数求和

在 MATLAB 中，提供函数 symsum 用于求无穷级数的和。其基本调用格式为

F=symsum(f,k,a,b)

其中，f 表示一个级数的通项，是一个符号表达式；k 是求和变量，省略 k 时使用系统的默认变量；a 和 b 是求和变量 k 的初值和末值，a 和 b 可以同时缺省，此时默认求和的变量区间为 $[0,k-1]$。

【例 6-26】 $\sum_{0}^{x-1} x^2$ 和 $\sum_{1}^{n}(2n-1)^2$ 级数求和。

```
>> syms x n;
>> symsum(x^2)

ans =

x^3/3 - x^2/2 + x/6

>> symsum((2*n-1)^2,1,n)

ans =

(4*n^3)/3 - n/3

>> factor(ans)              %使用 factor 对结果因式分解

ans =

[ 1/3, n, 2*n - 1, 2*n + 1]
```

3. 泰勒（taylor）级数展开式

在 MATLAB 中，提供函数 taylor 用于求符号表达式的泰勒级数表达式。其基本调用格式为

T=taylor(f)
T=taylor(f,var,a)

其中，f 为待求泰勒级数的表达式；符号标量 var 为自变量；a 为展开点；返回的结果为 f 的 5 阶泰勒展开。

【例 6-27】 泰勒级数展开实例。

```
>> syms x
```

```
>> T1 = taylor(exp(x))

T1 =

x^5/120 + x^4/24 + x^3/6 + x^2/2 + x + 1

>> T2 = taylor(sin(x))
T2 =

x^5/120 - x^3/6 + x

>> T3 = taylor(cos(x))

T3 =

x^4/24 - x^2/2 + 1
```

6.5.4 极限、求导和积分

1. 符号函数的极限

在 MATLAB 中，提供函数 limit 用于求符号函数的极限。其基本调用格式为

limit(f,x,a)

即求函数 f 关于变量 x 在 a 点的极限。若缺省 x，则为表达式中默认变量；若缺省 a，则默认求在 0 点处的极限。

【例 6-28】 求极限 $\lim\limits_{x \to \infty}\left(1+\dfrac{2t}{x}\right)^{3x}$ 和 $\lim\limits_{x \to 0}\dfrac{\sin x}{x}$ 实例。

```
>> syms t x;
>> limit((1+2*t/x)^(3*x),x,inf)

ans =

exp(6*t)

>> limit(sin(x)/x)              % 类似可求 limit(tan(x)/x)，结果一样

ans =

1
```

2．符号函数的求导

在 MATLAB 中，提供函数 diff 用于求符号函数的导数。其基本调用格式为

diff(f,x,n)

即求函数 f 关于变量 x 的 n 阶导数。参数 x 的用法同求极限函数 limit，可以缺省。n 的默认值是 1。

【例 6-29】 对符号函数求导实例。

```
>> syms a b c x;
>> f=a*x^3+x^2-b*x-c;
>> diff(f)                %对缺省 x 求导

ans =

3*a*x^2 + 2*x - b

>> diff(f,'a')            %相对 a 求导

ans =

x^3

>> diff(f,2)              %对 x 求二次导数

ans =

6*a*x + 2

>> diff(f,'a',2)          %相对 a 求二次导数

ans =

0
```

3．符号函数的积分

在 MATLAB 中，提供函数 int 用于求符号函数的积分。其基本调用格式为

int(f,x)
int(f,x,a,b)

int(f,x)即求函数 f 对变量 x 的不定积分。int(f,x,a,b)即求函数 f 对变量 x 的定积分。a、b 分别表示积分的下限和上限。当 a、b 中有一个是 inf 时，函数返回一个广义积分；当 a、b 中有一个符号表达式时，函数返回一个符号函数。

【例 6-30】 符号函数积分实例。

```
>> syms s x;
>> f=sin(s+2*x);
>> int(f)              %缺省对 x 求积分

ans =

-cos(s + 2*x)/2

>> int(f,'s')          %对 s 求积分

ans =

-cos(s + 2*x)

>> int(f,pi/2,pi)      %对 x 从 π/2 到 π 求积分

ans =

-cos(s)

>> int(f,'s',pi/2,pi)  %对 s 从 π/2 到 π 求积分

ans =

2^(1/2)*cos(2*x + pi/4)

>> int(f,'m','n')      %对 x 从 m 到 n 求积分

ans =

cos(2*m + s)/2 - cos(2*n + s)/2
```

6.5.5 符号函数绘图

对应数值计算的绘图，MATLAB 中提供了多个符号函数的绘图指令，可以方便地将符号表达式图形化。这些指令都以"ez"开头，其中最常用的二维符号绘图函数为 ezplot，其基本调用格式为

ezplot(fun)

ezplot(fun,[xmin,xmax])

ezplot(fun)默认在 $[-2\pi, 2\pi]$ 自变量范围中绘制 $f(x)$ 的二维图形。ezplot(fun,[xmin,xmax])指定自变量范围为[xmin,xmax]，并绘制 $f(x)$ 的二维图形。

【例 6-31】 绘制 $y(t) = e^{-t} \sin\left(\dfrac{t}{2}\right)$ 和 $s(t) = \int_0^t y(t)dt$ 在区间[0,5]上的图形。

```
>> syms t
>> y=exp(-t)*sin(t/2);
>> s=int(y,t,0,t);
>> subplot(2,1,1)
>> ezplot(y,[0,5])
>> grid
>> subplot(212)
>> ezplot(s,[0,5])
>> grid
>> title('s(t)=\inty(t)dt')
```

运行结果如图 6-6 所示。

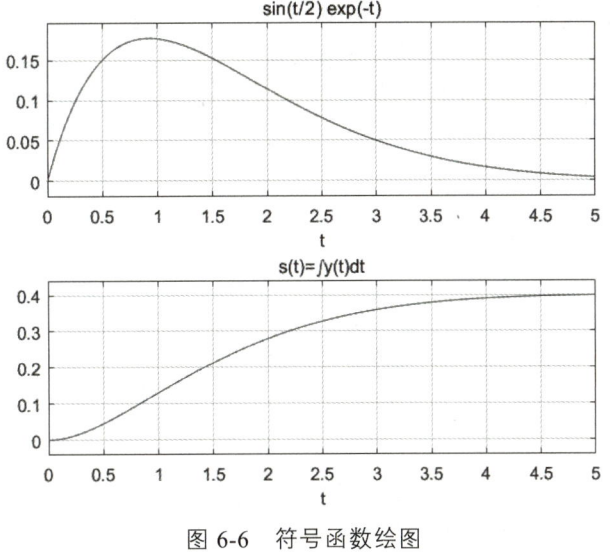

图 6-6　符号函数绘图

其他常见的符号绘图函数如表 6-3 所示。

表 6-3 常用的 MATLAB 符号绘图函数

命令名	说明	举例
ezcontour	画等高线	ezcontour('x*sin(t)',[-2,2])
ezcontourf	画带填充颜色等高线	ezcontourf('x*sin(t)',[-2,2])
ezmesh	画三维网线图	ezmesh('sin(x)*exp(-t)','cos(x)*exp(-t)','x',[0,2*pi])
ezmeshc	画带等高线的三维网线图	ezmeshc('sin(x)*t',[-pi,pi])
ezpolar	画极坐标图	ezpolar('sin(t)',[0,pi/2])
ezsurf	画三维曲面图	ezsurf('x*sin(t)','x*cos(t)','t',[0,10*pi])
ezsurfc	画带等高线的三维曲面图	ezsurfc('x*sin(t)','x*cos(t)','t',[0,pi,0,2*pi])

6.5.6 符号方程求解

1. 符号代数方程求解

在 MATLAB 中，提供函数 solve 用于求解符号代数方程。其基本调用格式为

```
S=solve('eq','v')
[S1,…,Sn]=solve('eq1','eq2',…,'eqn','v1','v2',…,'vn')
```

第 1 种格式用于求解符号表达式 eq 的代数方程，eq 可以是含等号的符号表达式的方程，也可以是不含等号的符号表达式的方程，但指的仍然是令 eq=0 的方程。其中，v 表示求解变量，若 v 省略，则求解是针对 findsym 指令确认的变量进行的。

第 2 种格式用于求解符号表达式 eq1,eq2,…,eqn 组成的代数方程组，求解变量分别为 v1,v2,…,vn。

【例 6-32】 求解代数方程实例。

```
>> syms a b c x;
>> solve(a*x^2+b*x+c)            %对缺省变量 x 求解

ans =

 -(b + (b^2 - 4*a*c)^(1/2))/(2*a)
 -(b - (b^2 - 4*a*c)^(1/2))/(2*a)

>> solve(a*x^2+b*x+c==0)          %与上式结果相同

ans =

 -(b + (b^2 - 4*a*c)^(1/2))/(2*a)
 -(b - (b^2 - 4*a*c)^(1/2))/(2*a)
```

```
>> solve(a*x^2+b*x+c,b)          %对非缺省变量b求解

ans =

-(a*x^2 + c)/x
```

【例 6-33】 求解代数方程组 $\begin{cases} x^2+xy+y=3 \\ x^2-4x+3=0 \end{cases}$。

```
>> syms x y;
>> eq1=x^2+x*y+y==3;
>> eq2=x^2-4*x+3==0;
>> [x,y]=solve(eq1,eq2)

x =

 1
 3



y =

  1
 -3/2
```

提示：在使用 solve 函数求解代数方程组时，最好采用指定变量方式。

2．符号微分方程求解

在 MATLAB 中，常用函数 dsolve 求解符号微分方程。其基本调用格式为

```
S=dsolve('eq','cond','v')
[S1,…,Sn]=dsolve('eq1','eq2',…,'eqn',' cond1', 'cond2',…,'condn'','v')
```

dsolve 函数变量分三部分：eq（eqn）表示待求解的方程（组），cond（condv）为初值条件，v 为求解方程的自变量。S（Sn）为返回的求解结果。若没有给出初值条件，则求方程的通解。若未给出求解自变量，系统默认以 t 为自变量。

在 MATLAB 中，用大写字母 D 表示导数。当 y 为"因变量"时，用"Dny"表示"y 的 n 阶导数"。在 t 为默认自变量时，Dy 表示 $\dfrac{dy}{dt}$；Dny 表示 $\dfrac{d^n y}{dt^n}$。

第 2 种格式用于求解微分方程组 eq1、eq2，…,eqn 在初值条件 cond1、cond2,…,condn 下的特解。

【例 6-34】 求解微分方程 $\dfrac{dy}{dx}=1+y^2$。

```
>> syms y;
>> dsolve('Dy=1+y^2')            %求通解

ans =

 tan(C2 + t)
          1i
         -1i
```

```
>> dsolve('Dy=1+y^2','y(0)=1')   %求解初值问题，默认以 t 为自变量

ans =

tan(t + pi/4)
```

```
>> dsolve('Dy=1+y^2','y(0)=1','x')   %求 dy/dx 的解

ans =

tan(x + pi/4)
```

【例 6-35】 求解微分方程组 $\begin{cases} \dfrac{df}{dx}=3f+4g \\ \dfrac{dg}{dx}=-4f+3g \end{cases}$, $f(0)=0, g(0)=1$。

```
>> syms f g x;
>> [f,g]=dsolve('Df=3*f+4*g','Dg=-4*f+3*g','f(0)=0,g(0)=1','x')

f =

sin(4*x)*exp(3*x)


g =

cos(4*x)*exp(3*x)
```

习题 6

1. 在 MATLAB 命令行窗口中输入下列命令：
>> A=[3,0,12];
>> x=roots(A);
则 x（2）的值为（　　）。
  A. 2 B. -2 C. $0.0000 + 2.0000i$ D. $0.0000 - 2.0000i$

2. 在 MATLAB 命令行窗口中输入下列命令：
>> x=[1,3,-1,6];
>> y=polyval(x,2)
输出 y 的值为（　　）。
  A. 24 B. 3 C. [2,6,-2,12] D. 12

3. 在 MATLAB 命令行窗口中输入命令：diff([6,9])，其结果为（　　）。
  A. 9 B. 15 C. 3 D. 6

4. 以下选项不能用来求数值积分的函数是（　　）。
  A. quadgk B. quad2 C. integral D. integral2

5. 用符号方法化简表达式。

（1）$\sin\beta_1\cos\beta_2 - \cos\beta_1\sin\beta_2$；

（2）$\dfrac{4x^2+8x+3}{2x+1}$。

6. 用符号方法求下列极限或导数。

（1）$\lim\limits_{x\to 0}\dfrac{x(e^{\sin x}+1)-2(e^{\tan x}-1)}{\sin^3 x}$；

（2）$\lim\limits_{x\to -1^+}\dfrac{\sqrt{\pi}-\sqrt{\arccos x}}{\sqrt{x+1}}$；

（3）$y=\dfrac{1-\cos(2x)}{x}$，求 y'、y''；

（4）已知 $A=\begin{bmatrix} a^x & t^3 \\ t\cos x & \ln x \end{bmatrix}$，分别求 $\dfrac{dA}{dx}$、$\dfrac{d^2 A}{dt}$、$\dfrac{d^2 A}{dxdt}$。

7. 用符号方法求下列积分。

（1）$\displaystyle\int \dfrac{dx}{(\arcsin x)^2\sqrt{1-x^2}}$；

（2）$\displaystyle\int_0^{+\infty} \dfrac{x^2+1}{x^4+1}dx$。

8. 计算级数 $S=\sum\limits_{n=1}^{10}\dfrac{1}{2n-1}$。

9. 求下列方程的符号解。

（1） $\ln(1+x) - \dfrac{5}{1+\sin x} = 2$

（2） $\begin{cases} \sqrt{x^2+y^2} - 100 = 0 \\ 3x + 5y - 8 = 0 \end{cases}$

10. 求微分方程的通解。

$$\begin{cases} \dfrac{\mathrm{d}x}{\mathrm{d}t} = 2x - 3y + 3z \\ \dfrac{\mathrm{d}y}{\mathrm{d}t} = 4x - 5y + 3z \\ \dfrac{\mathrm{d}z}{\mathrm{d}t} = 4x - 4y + 2z \end{cases}$$

第 6 章彩图

第 7 章
Simulink 系统仿真

Simulink 是 MATLAB 最重要的组件之一，它提供了一个动态系统建模、仿真和综合分析的集成环境。使用此环境，无须大量书写程序代码，只需要通过简单、直观的鼠标操作，就可以构造出复杂的系统。Simulink 具有适应面广、仿真精细、贴近实际、效率高、灵活等优点，已成为应用广泛的动态系统仿真工具。

7.1 Simulink 简介

7.1.1 Simulink 的启动

在 MATLAB 中，启动 Simulink 有 3 种方式：
（1）在命令行窗口中输入 simulink 并按回车键。
（2）单击主页选项中的 Simulink 的按钮。
（3）单击 MATLAB 主页选项中的新建按钮，选择下拉菜单的 Simulink Model 按钮。

启动 Simulink 后，弹出如图 7-1 所示的 Simulink Start Page（Simulink 起始页）浏览器窗口。Simulink 主要由浏览器和模型窗口组成。浏览器为用户提供展示 Simulink 标准模块库和专业模块库的界面，模型窗口是用户创建模型方框图的主要界面。

在 Simulink 起始页窗口单击 Blank Model，将弹出 Simulink 建模窗口。

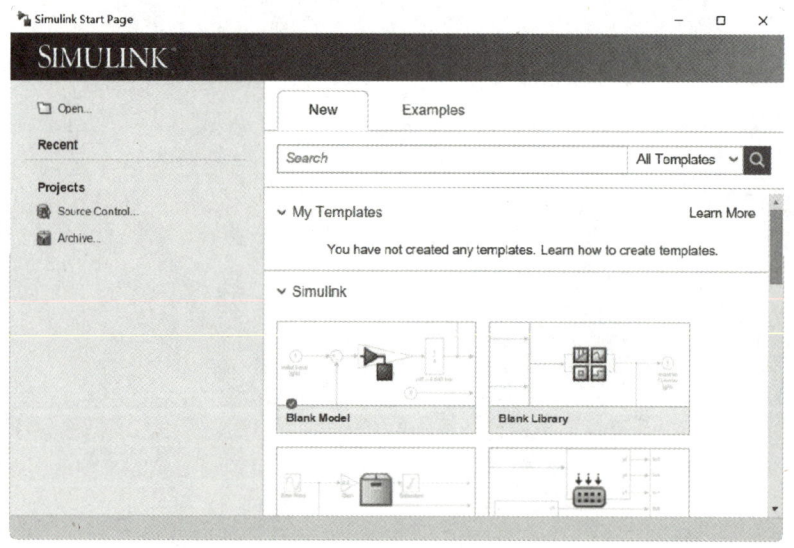

图 7-1 Simulink 起始页

7.1.2 Simulink 仿真初步

1. 模型元素

典型的 Simulink 模型包括以下 3 种元素：
（1）信号源（Source）：可以是信号发生器（Signal Generator）、正弦波（Sine Wave）、常量（Constant）、时钟（Clock）等。

（2）系统模块：如数学运算（Math Operations）、连续系统（Continuous）、离散系统（Discrete）等。

（3）输出模块（Sinks）：信号可以在示波器（Scope）、图形记录仪（XY Graph）上显示，也可以输出到工作空间（To Workspace），存储到文件（To File）。

2．基本建模与仿真实例

【例 7-1】 使用信号发生器 Signal Generator 和示波器 Scope 创建基本仿真模型。

（1）在 MATLAB 的命令行窗口输入 simulink 命令，或选择 MATLAB 主窗口"主页"选项卡，单击 Simulink 命令组中的 Simulink 命令按钮，进入 Simulink 起始页。在 Simulink 起始页单击 Blank Model 按钮，打开一个名为 untitled 的模型编辑窗口，如图 7-2 右上方所示。在 Simulink 模型编辑窗口单击 Library Browser 按钮，打开 Simulink 模块库浏览器窗口，如图 7-2 左侧所示。单击子模块 source，选择信号发生器 Signal Generator 模块，并将其拖动到空白模型窗口中，双击该子模块图形，弹出属性对话框，可以定制所需的参数属性，如 Wave form（波形）、Amplitude（幅值）、Frequency（频率）及 Units（单位）等。按 Apply 提交，点击 OK 确定退出。

（2）选择信号输出显示模式。从 Simulink 工具箱中选择 Sinks 子模块，拖动 Scope 到新建窗口。双击 Scope 模块，显示示波器窗口。Signal Generator 和 Scope 图形中的符号">"分别表示信号的输入与输出，连接信号时，先将鼠标停在 Signal Generator 的输入端符号">"上，待光标变为十字形后，移动到 Scope 的输入符号后，放开鼠标，即完成连接。此时，一个简单的模型建立完成。

（3）仿真过程。使用建立的模型，在参数设置完成的情况下，点击新建的 Simulink 模型窗口中的 Run 运行，结果如图 7-2 所示。默认 Scope 的输出窗口是不打开的，需要双击 Scope 打开。可以在 Configuration Properties:Scope（示波器属性）窗口将 Open at simulation start 勾选，则仿真运行后打开示波器窗口，如图 7-2 右下方所示。

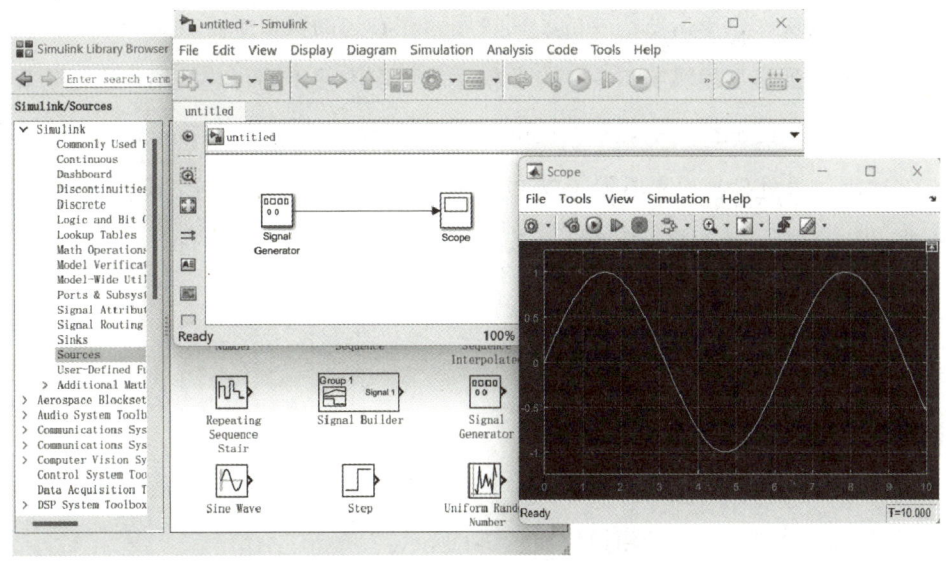

图 7-2 简单建模和仿真实例

提示：关于模块的选取操作，除了标准地从模块库中拖放模块到正在编辑的模型窗口中的方法，还有一个便捷的方法：在编辑的模型窗口中，在想放置模型的位置左击，然后直接输入要添加的模型的名字，一般输入前几个字符，就会出现可匹配的模型下拉菜单，点击选择即可加入模型。当知道某模型的名字时，这种方法非常快捷，如下：

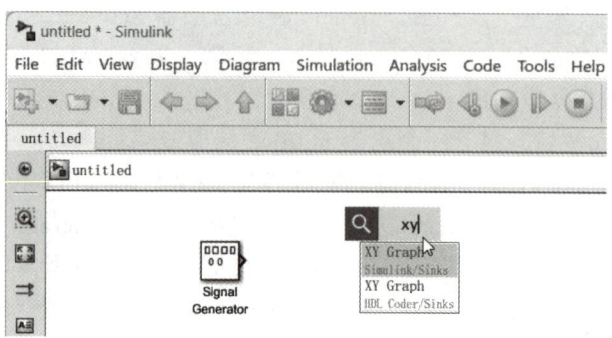

7.2　Simulink 模块库和模块

7.2.1　Simulink 的基本模块

Simulink 模块库提供了大量的模块，大体分为两类：基本模块库和专业模块库。点击 Simulink Library Browser 窗口中 Simulink 模块库前的">"符号，可以看到 Simulink 模块库中包含的基本子模块库，单击所需要的子模块库，在右边的窗口中将看到相应的模块，选择并拖拽可将其复制到模型编辑窗口中。专业模块库可以方便不同行业的用户进行仿真建模，如控制系统工具箱（Control System Toolbox）、通信模块工具箱（Communications System Toolbox）、数字信号处理模块工具箱（DSP System Toolbox）、神经网络模块工具箱（Neural Network Toolbox）等。对于专业模块库，读者可以查询相关帮助文件进行学习。在此主要介绍常用的基本模块库及模块。

1．信号源（Sources）子模块库

信号源子模块库用来向模型提供信号。它没有输入口，至少有一个输出口。信号源子模块库中有许多标准的信号源，常用模块如表 7-1 所示。

表 7-1 信号源常用模块及功能

模块		功能	模块		功能
	Clock	时钟		In1	创建输入端
	Constant	常数		Pulse Generator	脉冲发生器
	Counter Free-Running	自运行计数器		Random Number	随机信号
	Digital Clock	数字时钟		Signal Generator	信号发生器
	From Workspace	从工作空间读数据		Sine Wave	正弦波
	Ground	接地		Step	阶跃信号

> 提示：如果想了解某个模块的详细功能和使用方法，可以用鼠标右击该模块，如右击 Sine Wave 模块，在弹出右键菜单中选择"Help for the Sine Wave block"，即可查看该模块的帮助信息。

2．输出（Sinks）子模块库

输出子模块库用来输出仿真结果。它没有输出口，但至少有一个输入口。表 7-2 列出了输出子模块库中模块的名称及功能。

表 7-2 输出模块及功能

模块		功能	模块		功能
	Display	数据显示		Terminator	通用终端
	Floating Scope	浮动示波器		To File	输出到文件
	Out1	创建输出端		To Workspace	输出到工作空间
	Scope	示波器		XY Graph	用图形窗口显示信号 x-y 坐标图
	Stop Simulation	输入非 0 时停止仿真			

3．连续系统（Continuous）子模块库

连续系统子模块库提供包括连续系统模型、微积分等运算模块，其常用模块及功能如表 7-3 所示。

表 7-3　连续系统模块及功能

模块	功能	模块	功能
$\frac{\Delta u}{\Delta t}$　Derivative	微分	$\frac{1}{s+1}$　Transfer Fcn	传递函数
$\frac{1}{s}$　Integrator	积分	Transport Delay	传输延时
PID(s)　PID Controller	PID 控制器	Variable Time Delay	可变延时输出
$x'=Ax+Bu$ $y=Cx+Du$　State-Space	线性状态空间	$\frac{(s-1)}{s(s+1)}$　Zero-Pole	零-极点增益传递函数

4．离散系统（Discrete）子模块库

离散系统子模块库提供包括离散系统模型、滤波器等运算模块，其常用模块及功能如表 7-4 所示。

表 7-4　离散系统模块及功能

模块	功能	模块	功能
$\frac{K(z-1)}{Ts\,z}$　Discrete Derivative	差分	$\frac{1}{z+0.5}$　Discrete Transfer Fcn	离散传递函数
$\frac{1}{1+0.5z^{-1}}$　Discrete Filter	离散滤波器	$\frac{(z-1)}{z(z-0.5)}$　Discrete Zero-Pole	离散零-极点传递函数
PID(z)　Discrete PID Controller	离散 PID 控制器	First-Order Hold	一阶保持器
$x(n+1)=Ax(n)+Bu(n)$ $y(n)=Cx(n)+Du(n)$　Discrete State-Space	离散状态空间	$\frac{1}{z}$　Unit Delay	单位延迟采样保持
$\frac{K\,Ts}{z-1}$　Discrete-Time Integrator	离散时间积分	Zero-Order Hold	零阶保持器

5．数学运算（Math Operations）子模块库

数学运算子模块库提供了各种用于数学运算的模块，包括数学运算和复数运算，其常用模块及功能如表 7-5 所示。

表 7-5　常用数学运算模块及功能

模块		功能	模块		功能
	Abs	求绝对值		Math Function	数学函数运算
	Add	加法运算		MinMax	求最小/最大
	Complex to Magnitude-Angle	将输入的复数转换成幅度和幅角		Product	积或商
	Complex to Real-Imag	将输入的复数转换成实部和虚部		Rounding Function	取整函数
	Divide	实现除法或乘法		Sign	符号函数
	Dot Product	点乘		Sum	求和
	Gain	常数增益		Trigonometric Function	三角函数

7.2.2　模块操作

1．模块的选择

在新建的模型窗口中搭建系统时，先将所需模块从模块库中找出来，再将其图标拖拽至模型窗口中就可以复制过来。当选中模型中的单个模块时，模块会被高亮且四个角呈现四个小方块。

若要选中多个模块，有三种常用方法：
（1）在模块边上按住鼠标左键并拖动，将出现蓝色选框，框选需要选中的模块即可。
（2）按住 Shift 键，并用鼠标依次单击需要选中的模块。
（3）在模型窗口中，按 Ctrl+A 键，模型窗口中的模块将全部被选中。

2．模块的基本操作

1）移动

选中模块后按住鼠标左键不放可将模块放到合适位置，模块拖动到特定位置，如与旁边模块中线重合等情况时，会出现蓝色提示线方便对齐。如果模块连接有信号线，信号线也会随着移动。

2）复制

在 MATLAB 中复制模块比较灵活，除了选中模块，采用 Windows 常用的 Ctrl+C 键与

Ctrl+V 键可实现复制外，还可以用鼠标右键直接拖拽模块到另外一个位置，实现复制模块，也可以按住 Ctrl 键同时用左键拖拽模块到另外一个位置，也可实现复制模块。

3）删除

删除模块和 Windows 操作一样，选中模块后直接按 Delete 键或 Backspace 键即可删除模块。

4）旋转

右键点击模块，选择"Rotate & Flip"→"Flip Block"命令可将模块翻转 180°。选择"Rotate & Flip"→"Clockwise"命令，可将模块顺时针旋转 90°。

5）改变大小

选中模块，模块四个角将出现 4 个控制柄。将鼠标移动到这些控制柄上，鼠标指针变成双向箭头形状后拖动鼠标即可改变模块的大小。

6）模块命名

用鼠标单击模块名，即进入编辑模式，可以直接编辑修改模块名。如果需要隐藏模块名，可右击模块，选择"Format"→"Show Block Name"命令，点击去掉前面的勾选，可以隐藏模块名。

7）属性设置

右键点击模块，选择"Properties..."命令，即可打开模块属性设置窗口（Block Properties: 模块名），包括"Description""Priority""Tag""Block property tokens""Callbacks functions list"等属性的设置。在"Callbacks functions list"中，"OpenFcn"属性是一个很有用的属性，通过它设置一个函数，当模块被双击后，Simulink 就会调用该函数并执行，这种函数称为回调函数。

3．模块的连接

在选择好建模需要的模块后，就需要将这些模块连接起来。模块之间的信号连接是从一个模块的输出端至另一个模块的输入端。将光标移动到某个模块的输出端，当鼠标光标变成"+"字光标时，按住鼠标左键并拖动，将出现红色虚线，继续拖动十字光标直到目标模块的输入端，红色虚线将变成黑色实线且在连接点出现一个箭头，表示连接完成。箭头方向表示信号的流向。或者按住 Ctrl 键，然后分别点击前端模块和后端模块，则可以快速自动连接这两个模块。

根据模型和连接方式的需要，模块之间的连接线还可以进行分支、折弯和改变粗细等操作。

1）连线的分支

当一个信号需要传输给多个模块时，如将正弦信号同时传输给示波器（Scope）和工作空间（To Workspace），就需要在此信号中引出两个分支，有两种方法可以创建连续的分支。一种是直接用右键拖拽连线至第 2 个目标模块，当红色虚线变成黑色实线即可。第二种方法是按住 Ctrl 键，用左键拖拽连线至第 2 个目标模块，也可以创建连线的分支。

2）连线的标注

为了使建模更直观，可以为传输的信号做标记。在需要标记的连线上双击，将出现文本编辑框，在其中输入标注文本，即可标记信号连线。

3）连线的折弯

按 Shift 键的同时用鼠标单击连线并拖拽连线，可以改变连线的形状为折线。再次按住 Shift 键，将鼠标光标放在折弯的地方，光标将变成圆圈状，此时拖拽连线，则可以将连线折弯。

7.2.3 建模一般步骤

一般情况下，Simulink 建模仿真的基本步骤如下：
（1）启动 Simulink，创建新的模型窗口。
（2）打开模块库，根据待构建的系统模型选择模型搭建仿真模型。
（3）设置仿真参数，运行仿真。
（4）输出仿真结果。

【例 7-2】 使用积分器求解微分方程模型实例。

假设从实际自然界（力学、电学、生态学）或社会中，抽象出有初始状态为 0 的二阶微分方程 $x''+0.2x'+0.4x=0.2u(t)$，$u(t)$ 是单位阶跃函数。本实例讨论如何用积分器直接构建求解该微分方程的模型。

（1）改写微分方程，将 $u(t)$、x、x' 作为三路输入信号，x'' 作为输出信号。

$$x''=0.2u(t)-0.2x'-0.4x$$

（2）启动 Simulink，创建新的模型窗口。
（3）打开模块库，选择需要的模块，如阶跃信号模块（Step）、增益模块（Gain）、加法运算模块（Add）、积分模块（Integrator）以及输出示波器模块（Scope）等，如图 7-3 所示。
（4）依据给定微分方程模型，对需要的模块进行操作。如修改阶跃信号名字为 $u(t)$；双击增益模块（Gain）设置其值为 0.2；双击加法模块（Add），在模块属性下面的标志列表（List of signs）中修改标志符号为"+− −"，以实现一路正信号输入，两路负信号输入；复制增益模块，并右键点击模块，选择"Rotate & Flip"→"Flip Block"命令将增益模块翻转 180°，并设置相应的值；双击示波器模块，在左上角点击图标 ⊙，打开示波器属性设置窗口（Configuration Properties: Scope），勾选"Open at simulation start"，即仿真开始后打开示波器。

（5）依据给定的微分方程模型，对模块进行连接。如将阶跃信号用增益模块放大 0.2 倍，减去放大 0.2 倍的 x' 信号以及减去放大 0.4 倍的 x 信号。通过加法模块输出 x''，x'' 信号经过积分模块得到 x' 信号并反馈回 Add 模块的输入端（前面已分析），x' 信号通过积分模块再次积分得到 x 信号，一路输出到示波器和工作空间，一路反馈回 Add 模块的输入端，最终构建出如图 7-4 所示的仿真模型。

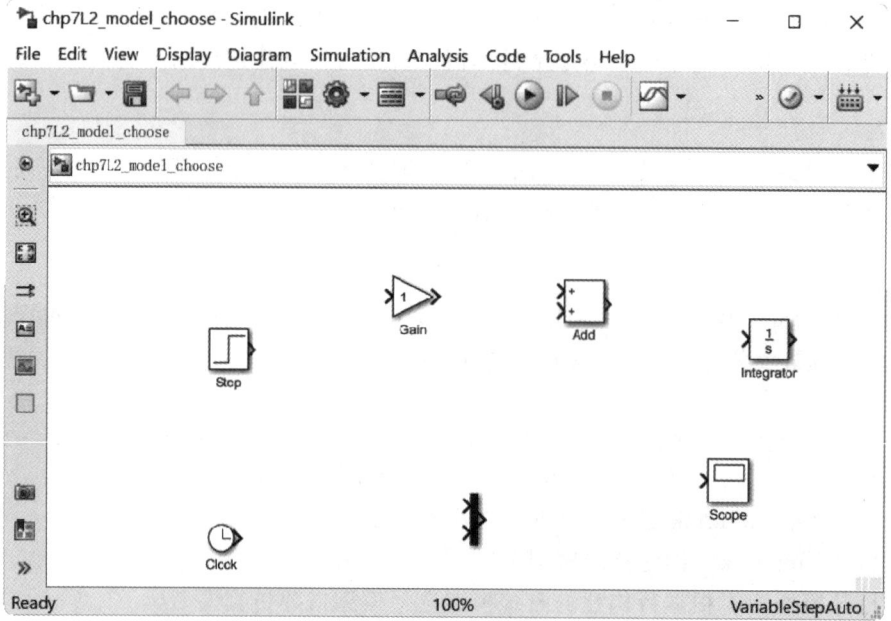

图 7-3 模块选择

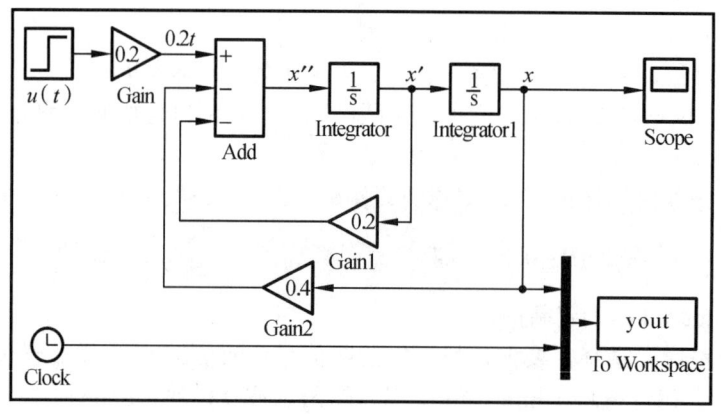

图 7-4 使用积分器求解微分方程的仿真模型

（6）设置仿真参数。先设置示波器仿真的时间，在模型窗口中，选择菜单命令"Simulation"→"Model Configuration Parameters"，进入属性设置对话框，在选项卡 Solver 中设置示波器横坐标仿真时间（Simulation time），设置停止时间（Stop time）为 20。设置 To Workspace 模块属性 Save format 为 Array，输出变量名为 yout，在模型信号线上标注信号标识。

（7）仿真结果。点击菜单"Simulation"→"Run"，或者直接点击模型窗口中的图标 ▶ 运算仿真，将弹出示波器仿真结果，如图 7-5 所示（为了版面观感，已通过菜单"View"→"Style"修改图形、坐标及线型颜色），并在工作空间生成 tout 和 yout 变量。

（8）进一步通过输出的在工作空间的数据作图比较结果。

建立脚本文件 diffequ_l7p2.m，内容如下：

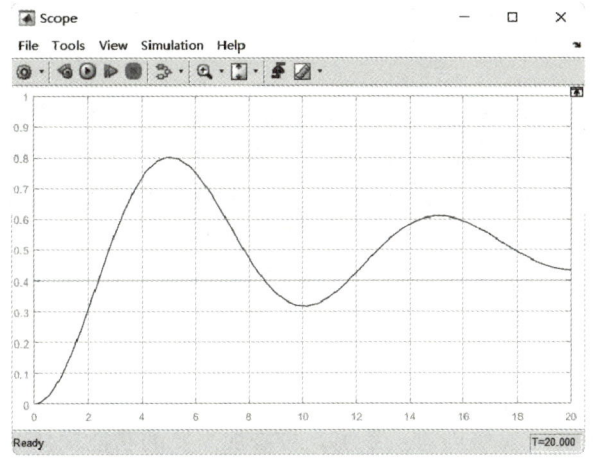

图 7-5 使用积分器求解微分方程的仿真示波器结果

```
―――― diffequ_l7p2.m ――――
clf
t=tout;                %时间值另赋值给 t
y=yout(:,1);           %数据值赋值给 y，注意 yout 为向量，其中有两组数据仅取积分结果值
[ymax,I]=max(y);       %使用 max 函数获取 y 向量中的最大值 ymax 和对应的索引 I
plot(t,y,'r','Linewidth',2)
hold on
plot(t(I),ymax,'b*','MarkerSize',10)      %绘制最大值所对应的点
hold off
strmax=char('最大值',['t=',num2str(t(I))],['y=',num2str(ymax)]);
text(6.5,ymax,strmax),
xlabel('t'),ylabel('y')
```

运行脚本，输出结果如图 7-6 所示。

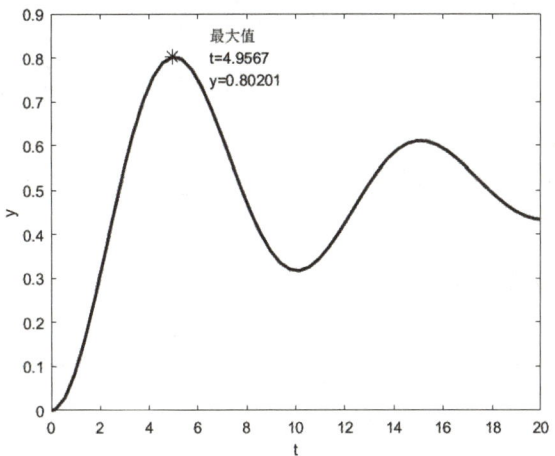

图 7-6 通过输出的在工作空间的仿真数据绘制仿真曲线

对比输出结果，两种结果是一样的。

7.3 Simulink 子系统

对于简单的系统，我们一般直接建立模块之间的相互关系构成系统模型。但如果系统规模比较大，模块之间的相互关系比较复杂，为了使系统更为直观，可将模型中的一些模块组合成新的模块，即生成子系统。子系统减少了整个系统中的输入、输出关系，增加了系统的可读性。同时，子系统可以反复调用，节省了建模的时间。

7.3.1 子系统的建立

创建 Simulink 的子系统有两种方法：
（1）先使用 Subsystem 模块创建子系统，再添加需要的功能模块。
（2）先用模块构建需要的模型，再用创建子系统命令创建子系统。

1．通过 Subsystem 模块建立子系统

通过 Subsystem 模块建立子系统的步骤如下：
（1）打开 Simulink 库浏览器，新建一个空白模型。
（2）打开 Simulink 模块浏览器（Simulink Library Browser），点击 Ports & Subsystems 子库→将 Subsystem 模块拖放到模型窗口中。
（3）双击 Subsystem 模块，打开子系统 Subsystem 编辑窗口，将需要组合的模块添加进去。其中，In1、Out1 分别表示子系统的输入端和输出端。

【例 7-3】 使用 Subsystem 模块创建子系统实例。

使用上述方法新建空白模型，并拖拽 Subsystem 模块到模型窗口中，双击 Subsystem 模块，添加需要组合的模块以实现需要创建的模型。创建的子系统中的模块如图 7-7 所示。

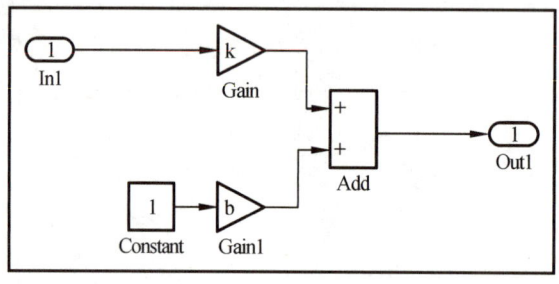

图 7-7 子系统中的模块

然后退回一步，在子系统前后分别添加正弦信号以及示波器，并连接子系统的输入与输出，建立系统仿真模型，如图 7-8 所示。

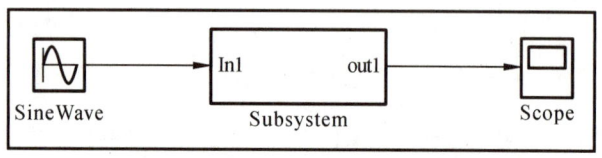

图 7-8 子系统仿真模型

在命令行窗口中，赋值 k=3，b=5，并运行仿真，结果如图 7-9 所示。

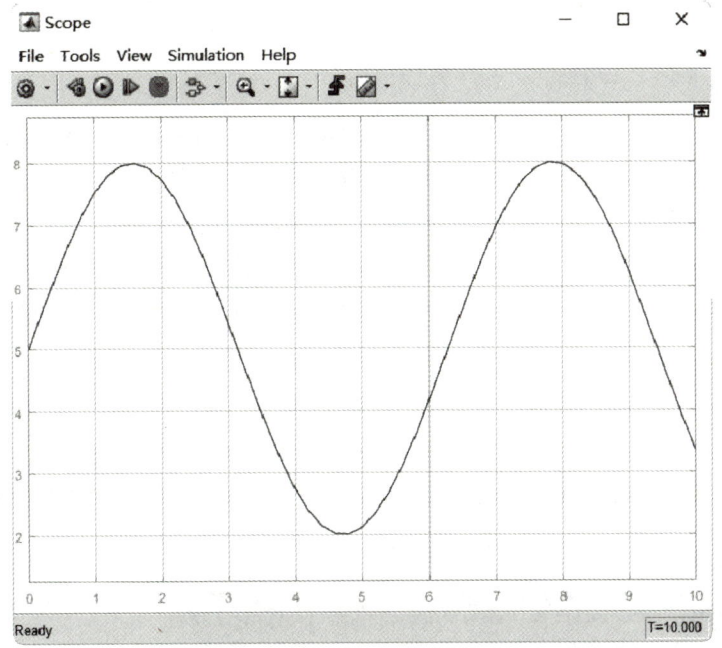

图 7-9　子系统仿真示例结果

2．通过已有模块建立子系统

通过已有模块搭建模型建立子系统的步骤如下：

（1）将需要建立为子系统的模块框选中。

（2）在模型编辑窗口中选择"Diagram"→"Subsystem & Model Reference"，则将选中模块创建为子系统，所选模块将被一个子系统模块替代。如果选择时，采用的框选（按住鼠标左键拉动选框），也可直接将光标移动到选框边缘的"..."处，"..."将变成浮动命令条 ，点击最左边的 Create Subsystem，同样可以创建子系统。

选中例 7-3 中同样的模型进行创建，结果一样，仿真也相同。读者可以自己进行练习。

7.3.2　子系统的封装

为了让子系统在后续使用中方便修改参数，以及增加系统的集成度，可以将子系统进行封装。封装后的子系统可以自定义图标、参数和帮助文档，也可以作为自定义模块添加到模块库中，完全可以与 Simulink 库中的其他模块一样使用。

子系统封装的一般步骤如下：

（1）选中需要封装的子系统（如果没有子系统，先创建）。

（2）在模型编辑窗口中选择"Diagram"→"Mask"→"Create Mask..."，或按 Ctrl+M 组合快捷键调出封装编辑器（Mask Editor）对话框。

（3）设置对话框中选项卡"Icon & Ports""Parameters & Dialog""Initialization""Documentation"中的相关参数并确定。

在封装子系统步骤中，最关键的是设置参数。下面对设置对话框中的4个选项卡作简单介绍。

1. "Icon & Ports" 图标与端口选项卡

通过此选项卡，可以定制要封装的模块的图标以及端口的旋转（Port rotation）。端口旋转可以为封装模块指定端口旋转类型。在此不作介绍。这里主要介绍常用的图标定制，提供有"Block frame"（边框）、"Icon transparency"（透明性）、"Icon units"（坐标单位）以及"Icon drawing commands"（绘图命令窗口）等子标签。"Icon drawing commands"子标签可以像在命令行窗口中输入命令一样来实现在模块图标中显示文字、图形或传递函数，下面分别进行介绍。

1）在模块图标中显示文字

常用的命令有disp、text、fprintf。仅以fprintf为例，如图7-10左侧所示，在"Icon drawing commands"窗口中输入fprintf指令，则可以生成如图7-10右侧所示的文字图标。

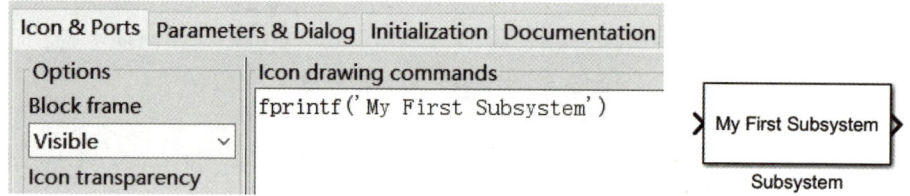

图7-10 在子系统图标中显示文字

2）在模块图标中显示图形

封装的子系统还可以在图标中显示图形和图像。常用plot命令来实现图形的显示，用image命令来显示图像。以plot为例，它可以像在命令行窗口中输入命令一样输入绘制指令。如图7-11所示，在左侧中输入plot相关指令，可以封装出右侧图形图标的子系统。

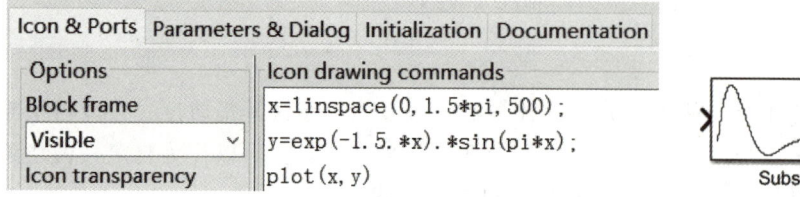

图7-11 在子系统图标中显示图形

3）在模块图标中显示传递函数

使用dpoly命令可以在模块图标中显示传递函数，其基本用法如下：

dpoly(num,den,'var')

其中，num和den为传递函数分子和分母的多项式系数向量；var为系统状态变量，缺省时默认为 s。如图 7-12 所示，在左侧的"Icon drawing commands"中输入相应指令，可以在右侧模块图标中显示传递函数。

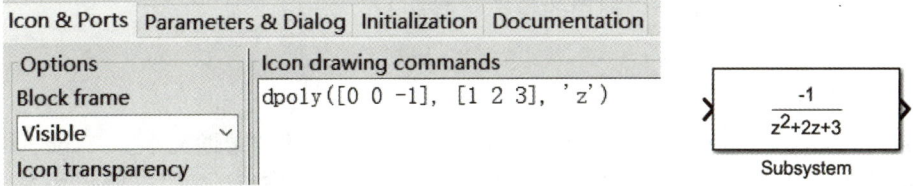

图 7-12　在子系统图标中显示传递函数

2．"Parameters & Dialog"参数与对话框选项卡

参数与对话框选项卡由三部分组成：左侧 Controls 区域为控件工具箱，中间 Dialog box 区域显示对话框中的控件，右侧 Property editor 区域用于显示和修改控件的属性。

下面以例 7-3 中子系统的封装参数设置为例。在封装编辑器中，选择"Parameters & Dialog"选项卡，单击两次左侧的"Edit"控件，将在中间控件对话框中为子系统添加两个变量。双击 Name（变量名）将两个变量名分别修改为例 7-3 中两个参数 k 和 b，并在 Prompt（提示信息）中分别修改添加合适的提示信息，如图 7-13 所示。

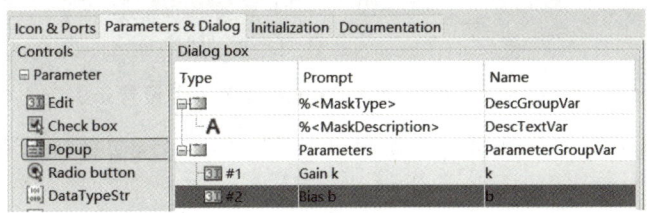

图 7-13　在子系统中添加参数对话框

点击应用（Apply），封装好子系统后，双击子系统，将弹出设置参数 k 和 b 的值的对话框，如图 7-14 所示。

此处赋值 k 为 3，b 为 5，运行仿真可以得到例 7-3 一样的仿真结果。用这种方法赋值参数比在命令行中输入参数更方便，更有利于后续的参数修改。

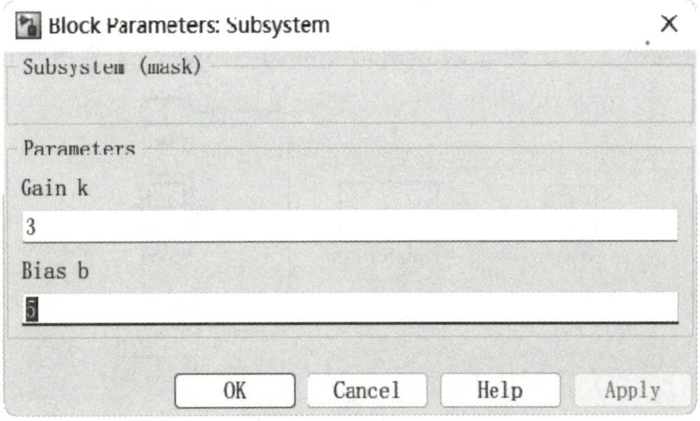

图 7-14　子系统参数对话框赋值窗口

3．"Initialization"初始化选项卡

"Initialization"选项卡用于设置初始化命令，定义在封装子系统编辑器所有页面中使用的变量，Initialization Commands 命令可以直接为封装子系统编辑器参数对话框中的变量赋值，也可以为在绘图模块命令中使用的参数赋值。

4．"Documentation"描述文档选项卡

"Documentation"选项卡用于定义封装模块的类型、描述和帮助文本。"Type"用来设置模块显示的封装类型，输入的字符串会在子系统模块参数对话框的标题栏中显示出来。"Description"用来描述子系统模块的功能。"Help"为子系统模块帮助文档。

例如，设置子系统中的"Documentation"选项卡如下：

"Type"中输入"信号放大"，"Description"中输入"这是一个测试描述。"，"Help"中输入"此子系统可以将信号放大 k 倍，并偏移 b。"，确认封装后，双击创建的子系统，将会弹出如图 7-15 所示的窗口。

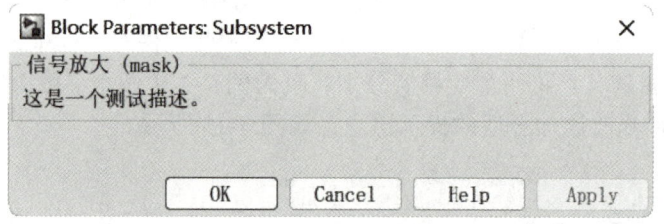

图 7-15　子系统 Documentation 选项卡设置示例

点击图 7-15 所示窗口中的 Help，将弹出帮助窗口，显示信息"此子系统可以将信号放大 k 倍，并偏移 b。"

习题 7

1．绘制图 7-16 所示的仿真模块，注意设置 To Workspace 模块输出变量方法。Out1 和 To Workspace 模块的功能均是把输出信号放到 MATLAB 工作空间里的变量中，请在 MATLAB 工作空间分别调用这两个变量，绘出演示图形，并与 Scope 示波器图形进行比较。

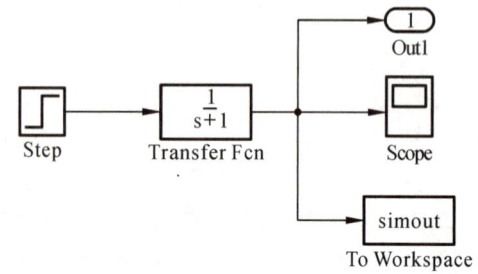

图 7-16　仿真模块

2. 模拟一个将摄氏温度转变为华氏温度的方程 $T_F = 9/5(T_C) + 32$。提示：输入信号 T_C 可采用 Sine Wave 模块。

3. 建立微分方程 $x' = -2x + u$ 的模型，并仿真求解。提示：为了产生一个输入信号 u，可采用 Signal Generator 模块来产生方波，频率为 0.1 Hz。要求：使用积分和传递函数两种方法建模。

第 8 章
MATLAB 的应用简介

8.1 MATLAB 在基础物理学中的应用

8.1.1 MATLAB 在力学中的应用实例

本节以物体质心运动为例，展示 MATLAB 在力学中的应用。

1．质心与质心运动定理

一个质点系内各个质点由于内力和外力的作用，它们的运动情况可能很复杂，但相对于此质点系有一个特殊的点，即质心，它的运动可能相当简单，只由质点系所受的合外力决定。例如，手榴弹可以看作一个质点系，投掷手榴弹时，将看到它一边翻转，一边前进，其中各点的运动情况相当复杂，但由于它受的外力只有重力（忽略空气的阻力），它的质心在空中的运动将和抛出一个质点的运动一样，其轨迹是一个抛物线。又如高台跳水运动员离开跳台后，他的身体可以做各种优美的翻滚伸缩动作，但是他的质心却只沿着一条抛物线运动。

下面做数学推导：

由质点系动量定理，可得质点系动量定理的微分式：

$$(\sum_{i=1}^{n} F_{i外}) dt = d[\sum_{i=1}^{n} m_i v_i] = d\left[\sum_{i=1}^{n} m_i \frac{dr_i}{dt}\right]$$

或

$$\sum_{i=1}^{n} F_{i外} = \frac{d}{dt}\left[\sum_{i=1}^{n} m_i \frac{dr_i}{dt}\right] = \frac{d^2}{dt^2}[\sum_{i=1}^{n} m_i r_i]$$

若令

$$mr_c = \sum_{i=1}^{n} m_i r_i$$

式中，m 为质点系的全部质量，于是有

$$\sum_{i=1}^{n} F_{i外} = \frac{d^2}{dt^2}[\sum_{i=1}^{n} m_i r_i] = \frac{d^2}{dt^2}(mr_c) = m\frac{d^2 r_c}{dt^2} = ma_c \qquad (8\text{-}1)$$

式（8-1）说明，将牛顿定律应用于质点系的整体时，其描述的是质点系中一个特殊点的运动，则这个特殊点的位矢 r_c 可写成

$$r_c = \frac{1}{m}\sum_{i=1}^{n} m_i r_i \qquad (8\text{-}2)$$

该点的运动表示了质点系整体的平动特征。为此把与 r_c 的端点所对应的点叫作质点系的质量分布中心，简称为质心。式（8-2）即为质心位置的定义式。

式（8-1）即为质心运动定理的数学表示式。该式表明，不管质点系所受外力如何分布，

质心的运动就像是把质点系的全部质量集中于质心,所有外力的矢量和也作用于质心时的一个质点的运动。

2.斜抛轻质杆的 MATLAB 仿真实例

【例 8-1】 利用 MATLAB 编程实现轻质杆斜抛运动的仿真。如图 8-1 所示,一刚性轻杆两端连接两个小球组成系统,将其斜抛,忽略空气阻力,质心将做抛体运动,而两个小球将绕着质心做圆周运动。设杆的长度为 0.5 m,两小球的质量分别为 $m_1 = 0.32$ kg 和 $m_2 = 0.5$ kg,轻杆初始时水平放置。现让系统的质心以初速度 $v_0 = 8$ m/s 斜抛,小球绕质心运动的角速度为 $\omega = 10\pi$ /s。试通过 MATLAB 编程演示质心及两个小球的运动动画。

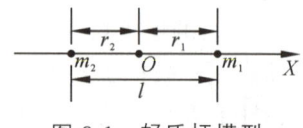

图 8-1 轻质杆模型

【解析】 以质心为原点,设质心到 m_1 和 m_2 的距离分别为 r_1 和 r_2,则由质心定义,有

$$X_c = \frac{m_1 r_1 - m_2 r_2}{m_1 + m_2} = 0$$

又 $r_1 + r_2 = l$,故有

$$r_1 = \frac{m_2 l}{m_1 + m_2}, r_2 = \frac{m_1 l}{m_1 + m_2}$$

以抛出点质心位置为坐标原点,设系统以 θ 角度斜抛,则经过时间 t 后,质心的位移在水平和竖直方向的分量为

$$x_c = v_0 \cos\theta \cdot t, y_c = v_0 \sin\theta \cdot t - \frac{1}{2}gt^2$$

相对于质心,两个小球都绕质心做匀速圆周运动,经过时间 t 后,小球 m_1 绕质心转过的角度(默认为逆时针旋转)为 ωt。相对地面参考系,小球的运动是质心运动和小球相对质心的转动的合成。故小球 m_1 的位移分量为

$$x_1 = x_c + r_1 \cos\omega t, \ y_1 = y_c + r_1 \sin\omega t$$

对小球 m_2,其转过的角度为 $\omega t + \pi$,因此,类似小球 m_1,可得小球 m_2 的位移分量为

$$x_2 = x_c - r_2 \cos\omega t, \ y_2 = y_c - r_2 \sin\omega t$$

【编程】 根据上述解析,编写程序如下:

```
——————  zxdh.m  ——————
clear
g=10;                                  %重力加速度
v0=8;                                  %初速度
jd=input('请输入抛射角度:');           %在命令行中输入抛射角度
```

```matlab
theta=jd*pi/180;                        %化为弧度
omega=10*pi;                            %小球转动角速度
l=0.5;                                  %杆长
m1=0.32;
m2=0.5;
r1=l*m2/(m1+m2);                        %第一个小球到质心的距离
r2=l*m1/(m1+m2);                        %第二个小球到质心的距离
t0=2*v0*sin(theta)/g;                   %求抛射时间
nt=300                                  %设置时间间隔数
t=linspace(0,t0,nt);                    %生成时间向量
xc=v0*cos(theta)*t;                     %质心横坐标分量
yc=v0*sin(theta)*t-g*t.*t/2;            %质心纵坐标分量
x1=xc+r1*cos(omega*t);
y1=yc+r1*sin(omega*t);
x2=xc-r2*cos(omega*t);
y2=yc-r2*sin(omega*t);
figure                                  %创建图形窗口
h12=plot([x1(1);x2(1)],[y1(1);y2(1)],'-o','LineWidth',3);%对杆作图并取其句柄
grid on
axis([-0.5,xc(end)+1,-1.5,max(yc)+1])   %坐标轴范围控制
axis equal                              %采用等间隔坐标轴
title('轻杆斜抛时质心和两端小球的运动','FontSize',12)
hold on                                 %保持图像
pause                                   %暂停
for i=1:nt-1                            %按时间循环
    set(h12,'XData',[x1(i);x2(i)],'YData',[y1(i);y2(i)]);%设置杆的位置
    plot([xc(i);xc(i+1)],[yc(i);yc(i+1)],'LineWidth',2)%画质心轨迹
    plot([x1(i);x1(i+1)],[y1(i);y1(i+1)],':k')   %画球1的轨迹
    plot([x2(i);x2(i+1)],[y2(i);y2(i+1)],':r')   %画球2的轨迹
    if fix((i-1)/20)==(i-1)/20                   %间隔一定时间
        plot([x1(i);x2(i)],[y1(i);y2(i)],':o','LineWidth',2)%重新画杆
        plot(x1(i),y1(i),'ko')                   %重新画球1
        plot(x2(i),y2(i),'ro')                   %重新画球2
    end
    pause(0.01)
    drawnow                             %刷新屏幕
end
```

运行程序后，在命令行窗口输入斜抛的角度 $\theta = 70°$：

```
>> zxdh
请输入抛射角度:70
```

程序将绘出系统质心运动及小球运动的动画,并展示轨迹,如图8-2所示。

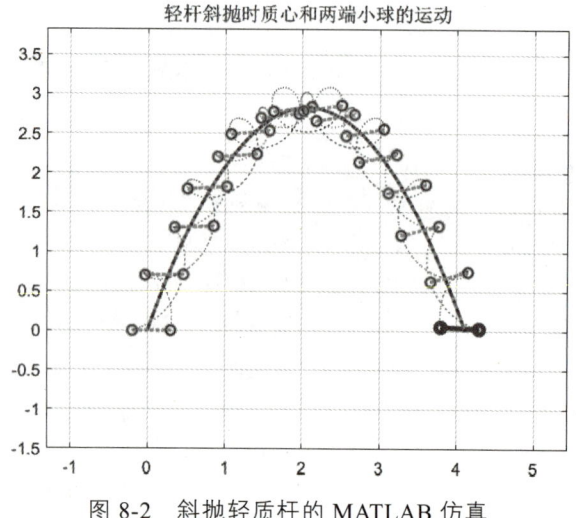

图 8-2　斜抛轻质杆的 MATLAB 仿真

💡 提示：小球和质心的实际轨迹是看不见的,但通过MATLAB绘图可以模拟出来。使用 if 语句设置每隔 20 个时间间隔,重新绘制轻杆系统图形。

8.1.2　MATLAB 在电磁学中的应用实例

本节以电磁学中点电荷的电场绘制和直导线中电流产生的磁场绘制为例,展示 MATLAB 在电磁学中的应用。

【例 8-2】　设真空中有一点电荷 Q,P 为空间一点,即场点。$\vec{r}$ 为从 Q 到 P 点的矢径。试用 MATLAB 绘制点电荷的电场线图。

【解析】　点电荷产生的电场为

$$\vec{E}(r) = \frac{1}{4\pi\varepsilon_0}\frac{Q}{r^2}\vec{r}_0 \qquad (8\text{-}3)$$

式中,$\vec{r}_0$ 为矢径 $\vec{r}$ 方向的单位矢量,如果只需要绘制电场线,则可以将式(8-3)相对于 $Q/4\pi\varepsilon_0$ 归一化,则式(8-3)变为

$$\vec{E}_n(r) = \frac{\vec{E}(r)}{\dfrac{Q}{4\pi\varepsilon_0}} = \frac{1}{r^2}\vec{r}_0 = \frac{1}{\sqrt{x^2+y^2}}\vec{r}_0 \qquad (8\text{-}4)$$

式中,(x,y) 是矢径 $\vec{r}$ 端点的坐标。单位矢量 $\vec{r}_0$ 由式(8-5)给出

$$\vec{r}_0 = \cos\theta + \sin\theta \qquad (8\text{-}5)$$

式中，θ 可表示为

$$\theta = \arctan \frac{y}{x}$$

且归一化电场分量由式（8-6）给出

$$\vec{E}_n = \left(\frac{1}{\sqrt{x^2+y^2}} \cos\theta, \frac{1}{\sqrt{x^2+y^2}} \sin\theta \right) \quad (8\text{-}6)$$

为了绘制电场线，先使用 x、y 的值定义一个二维网格

$$[x, y] = \text{meshgrid}(-10:2:10);$$

然后，使用指令 quiver 绘制向量场图

$$\text{quiver}(x, y, E_x, E_y)$$

最后用 text 文本指令表示点电荷。具体编程如下：

```
——— eFieldLines.m ———
[x, y] = meshgrid(-5: 1.25: 5);        %生成网格
E = 1./(sqrt(x.^2+y.^2));               %相对电场强度
% 单位矢量:
[unit_x] = cos(atan2(y, x));
[unit_y] = sin(atan2(y, x));
% 电场强度分量:
Ex = E.*unit_x;
Ey = E.*unit_y;
quiver(x, y, Ex, Ey)                    %画向量场图
text(-0.15,0, 'O')                      %标记点电荷
```

运行程序后，绘出点电荷的电场线，如图 8-3 所示。

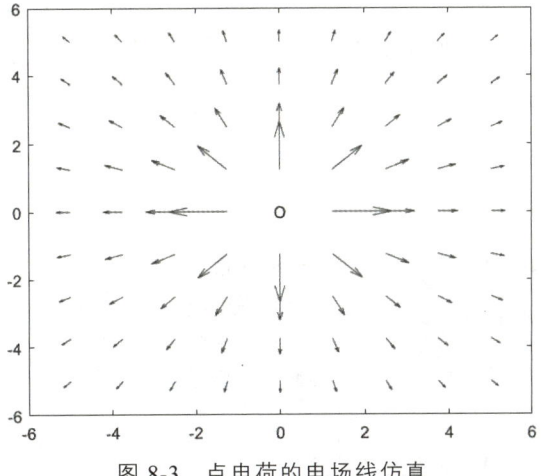

图 8-3　点电荷的电场线仿真

【例 8-3】 设真空中有一长直载流导线,导线中的电流强度为 I,P 为空间一点,即场点。作 P 点到导线的垂线,$\vec{r}$ 为从垂足到 P 的矢径。试用 MATLAB 绘制长直载流导线的磁感线图。

【解析】 长直载流导线在周围产生的磁场,磁感应强度由式(8-7)给出

$$\vec{B}(r) = \frac{\mu_0}{2\pi r^2}\vec{I} \times \vec{r} \tag{8-7}$$

磁感线是以导线为中心的同心圆。如果导线垂直于纸面穿出,则磁感线平行于纸面。若规定 x、y 轴在纸面上,则 z 轴垂直于纸面,故电流的矢量形式可写为

$$\vec{I} = I\hat{k} \tag{8-8}$$

式中,$\hat{k}$ 为 z 轴的单位矢量。由于我们研究的是磁感线的分布,所以可以像例 8-2 一样,对式(8-7)进行归一化,则有

$$\vec{B}_n(r) = \frac{1}{r^2}\vec{I} \times \vec{r} \tag{8-9}$$

为了绘制磁感线,同样先定义一个二维网格

$$[x,y] = \text{meshgrid}(-20:4:20);$$

然后计算式(8-9)矢量的矢积,则有

$$\vec{B}_n(r) = \frac{1}{r^2}\vec{I} \times \vec{r} = \frac{1}{r^2}\begin{vmatrix} \hat{i} & \hat{j} & \hat{k} \\ 0 & 0 & I \\ x & y & 0 \end{vmatrix} = I(-y\hat{i} + x\hat{j})$$

故磁感应强度分量可写为

$$B_x = -\frac{y}{x^2+y^2}$$

$$B_y = \frac{x}{x^2+y^2}$$

然后,使用指令 quiver 绘制向量场图

$$\text{quiver}(x,y,E_x,E_y)$$

具体编程如下:

```
——— mFieldLines.m ———
[x,y] = meshgrid(-20: 4: 20);        %生成网格
Bx = -y./(x.^2+y.^2);                %相对磁感应强度 x 分量
By = x./(x.^2+y.^2);                 %相对磁感应强度 y 分量
quiver(x, y, Bx, By)                 %画向量场图
title('长直导线的磁感线')
```

运行程序后,绘出长直导线的磁感线图,如图 8-4 所示。

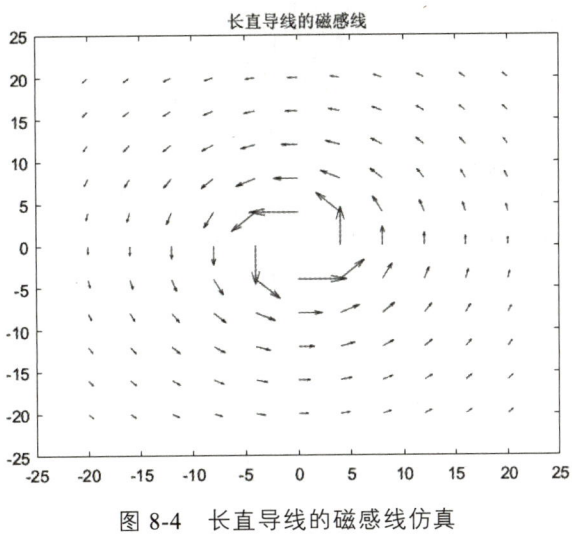

图 8-4　长直导线的磁感线仿真

8.1.3　MATLAB 在光学中的应用实例

本节以波动光学中的劈尖干涉为例，展示 MATLAB 在光学中的应用。

1．光的干涉基础知识

1) 光的相干性

由于光源中大量分子和原子发光的无规则性和间歇性，普通光源或同一光源的不同部分发出的光是不相干的。对于两列光波，只有当它们在相遇区域满足振动方向相同、振动频率相同、相位差恒定，才能发生干涉现象。

2) 光强

设两频率相同、光矢量 E 方向相同的光源所发出的光振幅和光强分别为 E_{10}、E_{20} 和 I_1、I_2，它们在空间某处 P 相遇。根据两个同方向、同频率的简谐振动的合成，P 点合成光矢量的振幅 E、光强 I 可分别表示为

$$E^2 = E_{10}^2 + E_{20}^2 + 2E_{10}E_{20}\cos\Delta\varphi$$
$$I = I_1 + I_2 + 2\sqrt{I_1 I_2}\cos\Delta\varphi$$

式中，$\Delta\varphi$ 为两光振动在 P 点的相位差，考虑到人眼和感光仪器观察到的光强是在较长时间 τ 内的平均值，则光强 I 为

$$I = \frac{1}{\tau}\int_0^\tau (I_1 + I_2 + 2\sqrt{I_1 I_2}\cos\Delta\varphi)\mathrm{d}t$$
$$= I_1 + I_2 + 2\sqrt{I_1 I_2}\frac{1}{\tau}\int_0^\tau \cos\Delta\varphi \mathrm{d}t$$

在上述前提下，若两束光在场点 P 处的相位差恒定，则为相干叠加，则在 P 点处合成后的光强为

$$I = I_1 + I_2 + 2\sqrt{I_1 I_2}\cos\Delta\varphi$$

若 $I_1 = I_2$，则

$$I = 2I_1(1+\cos\Delta\varphi) = 4I_1\cos^2\frac{\Delta\varphi}{2}$$

当 $\Delta\varphi = \pm 2k\pi$ 时，这些位置的光强最大（$I = 4I_1$），称为干涉相长，即亮纹中心；当 $\Delta\varphi = \pm(2k+1)\pi$ 时，这些位置的光强最小（$I = 0$），即干涉相消。

杨氏双缝干涉、薄膜干涉、劈尖干涉和牛顿环等都可以用光强公式分析明暗条纹的分布并画出光的干涉图样。

3）光程和光程差

光通过折射率为 n、厚度为 r 的介质时，其相位的改变为

$$\Delta\varphi = 2\pi\frac{r}{\lambda_n}$$

式中，λ_n 是光在介质中的波长，光在真空中的波长为 λ，进入介质后，波长会变短

$$\lambda_n = \frac{\lambda}{n}$$

则相位差改变为

$$\Delta\varphi = 2\pi\frac{nr}{\lambda}$$

式中，nr 称为光程。在均匀介质中，$nr = \frac{c}{u}r = ct$，故光通过折射率为 n、厚度为 r 的介质时，其相位的改变与光在真空中通过路程 nr 所引起的相位的改变是相同的。

当两列光通过折射率分别为 n_1 和 n_2、厚度分别为 r_1 和 r_2 的介质时，相位差为

$$\Delta\varphi = \frac{2\pi}{\lambda}(n_1 r_1 - n_2 r_2) = \frac{2\pi}{\lambda}\Delta$$

式中，$\Delta = n_1 r_1 - n_2 r_2$，称为光程差。

4）半波损失。

光从光疏介质进入光密介质在分界面上发生反射时，反射光存在半波损失，光程要增加或减少 $\lambda/2$。

2．劈尖干涉的 MATLAB 编程实例

【例 8-4】利用劈尖干涉可以测量微小角度，如图 8-5 所示，折射率 $n = 1.4$ 的劈尖，在波长 $\lambda = 700$ nm 的单色光的垂直照射下，可观察到 10 个完整的明条纹。明纹的间距为 $d = 2$ mm，求劈尖的顶角 θ，并绘出干涉条纹图样。

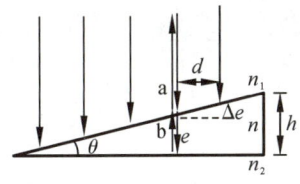

图 8-5　劈尖干涉

【解析】　设劈尖厚度为 e，则该厚度处的上、下表面反射的两相干光 a 和 b 的光程差为

$$\Delta = 2ne + \lambda/2$$

式中，$\lambda/2$ 为光在劈尖薄膜的下表面反射时的半波损失，于是两表面反射光的干涉条件为

$$\begin{cases} \Delta = 2ne + \lambda/2 = k\lambda & k = 1, 2, \cdots \text{明条纹} \\ \Delta = 2ne + \lambda/2 = (2k+1)\lambda & k = 0, 1, 2, \cdots \text{暗条纹} \end{cases}$$

任何两相邻明（暗）条纹之间的厚度差

$$\Delta e = e_{k+1} - e_k = \frac{\lambda}{2n}$$

又因顶角 θ 极小，故可求得顶角

$$\theta \approx \tan\theta = \frac{\Delta e}{d} = \frac{\lambda}{2nd}$$

干涉光的强度可表示为

$$I = I_0 \cos^2 \frac{\Delta\varphi}{2} = I_0 \cos^2 \left(\frac{\pi}{\lambda}\Delta\right)$$

将相干光 a 和 b 的光程差代入，并令 $I_0 = 1$，得到干涉光的相对光强为

$$I = \cos^2\left[\pi\left(\frac{2ne}{\lambda} + \frac{1}{2}\right)\right]$$

【编程】　根据上述解析，编写程序如下：

```
──── wedge_interference.m ────
clear                              %清除变量
lambda=700*1e-9;                   %波长
n=1.4;                             %劈尖的折射率
k=10;                              %明纹最高级次
dx=0.002;                          %明纹之间的距离
xm=k*dx;                           %劈尖的长度
x=linspace(0,xm,1000);             %劈尖的长度向量
theta=lambda/(2*n*dx);             %计算出劈尖的夹角
e=x*tan(theta);                    %劈尖的厚度向量
```

```
i=cos(pi*(2*n*e/lambda+1/2)).^2;         %干涉光的相对光强
M=zeros(1,length(x),3);                  %1 行若干列 3 页全零矩阵
M(:,:,1)=i;                              %矩阵的红色页赋值
image(M)                                 %画出干涉条纹
axis off                                 %不显示坐标轴
tit=['(\it\theta=',num2str(theta,'%e'),' rad)'];   %劈尖角度转为文本
title(['劈尖的等厚干涉条纹',tit],'FontSize',12)     %画图标题
```

运行程序后,命令行窗口输出劈尖顶角结果:

```
>> wedge_interference
>> 劈尖的顶角为:1.250000e-04 rad
```

绘制出干涉图样,如图 8-6 所示。

图 8-6　劈尖的等厚干涉条纹仿真

　　解决物理学中的问题离不开数学,因此,许多问题都可以用 MATLAB 这样高效的工具来解决。本节内容以力学、电磁学、光学为例,展示了使用 MATLAB 来解决物理问题的方法。

　　当然,并不是所有的问题都可以通过 MATLAB 编程和仿真来解决。通过上面的一些实例,告诉读者 MATLAB 作为解决物理问题的辅助工具能做些什么,希望给读者提供一些帮助和引导。

8.2　MATLAB 在通信系统中的应用

8.2.1　通信系统的基本概念

1．通信的定义

　　通信自人类诞生就出现,人类社会的生产和生活都离不开通信。古代人们通过驿站、飞

鸽传书、烽火报警、击鼓等方式进行信息传递。而今，随着科学技术的飞速发展，相继出现了无线电、固定电话、移动通信、互联网、卫星通信等各种方式来传递信息。

通信是指人与人或人与自然之间通过某种行为或媒介进行的信息交流与传递。在自然科学中所涉及的"通信"是指电通信，电通信是利用"电"来传递信息的通信方式，通过电通信几乎能使信息在任意的通信距离上实现信息传递的快速、准确和可靠。

2．通信系统的一般模型

通信的目的是传输信息，通信系统的作用是将信息从信源发送到一个或者多个目的地。对于电通信来说，首先要把消息转变为电信号，然后经过发送设备，将信号送入信道，在接收端利用接收设备对接收信号作相应的处理后，送给信宿再转换为原来的消息。通信系统的一般模型如图 8-7 所示。

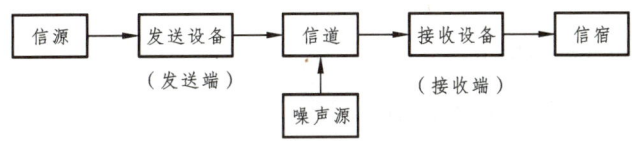

图 8-7　通信系统一般模型

通常，按照信道中传输的是模拟信号还是数字信号，相应地把通信系统分为模拟通信系统和数字通信系统，由于数字信号可以无畸变地多次再生、转接，因此，数字通信系统的抗干扰性能明显优于模拟通信系统，本节重点研究 MATLAB 在数字通信系统中的应用。

3．数字通信系统模型

数字通信系统是利用数字信号来传递信息的通信系统，如图 8-8 所示，数字通信涉及的技术问题很多，其中主要有信源编码与译码、信道编码与译码、数字调制与解调。

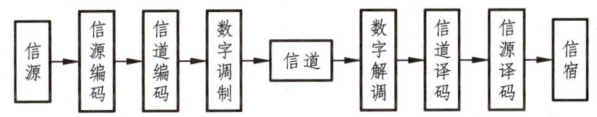

图 8-8　数字通信系统模型

信源是产生各类信息的实体，可分为模拟信源和数字信源。模拟信源产生模拟信号，如声音、图像信号。数字信源产生数字信号，如键盘字符、计算机等数字终端。信源编码有两个主要功能：一是完成模数（A/D）转换，将模拟信号转换成数字信号在数字通信系统中传输；二是提高信息传输的有效性，通过某种压缩编码技术设法减少码元数目以降低码元速率。信道编码的作用是进行差错控制，提高系统可靠性。数字调制是把数字基带信号的频谱搬移到高频处，形成适合在信道中传输的带通信号。在某些具有低通特性的有线信道中，特别是在传输距离不太远的情况下，数字基带信号可以不经过载波调制而直接进行传输，这种方式称为数字基带传输系统，而具有调制和解调过程的系统称为数字频带传输系统。

8.2.2　MATLAB 在通信系统中的应用

自然界中的信号大多都是模拟信号，如语音、图像、电压/电流等，这些信号要在数字通信系统中进行传输就需要对其进行抽样、量化、编码,形成数字信号。在接收端则通过相应的逆变换恢复成模拟信号。

1. 抽样

1)抽样定理

抽样是把时间上连续的模拟信号变成一系列时间上离散的抽样值的过程,抽样过程必须满足抽样定理,设有一个连续的信号 $m(t)$,其频率范围为 $0 \leq f \leq f_H$,f_H 为最高频率,则抽样频率 f_s 必须满足 $f_s \geq f_H$,此时根据它的抽样值才能无失真重建原信号。

将频带限制在 $(0, f_H)$ 的信号 $m(t)$ 与周期性的冲激函数 $\delta_T(t)$ 相乘,便得到均匀间隔为 T 秒的冲击序列,这些冲激的强度等于相应瞬时上的 $m(t)$ 的值,它表示对函数 $m(t)$ 的抽样,其抽样函数用 $m_s(t)$ 表示,则有

$$m_s(t) = m(t)\delta_T(t)$$

上述关系如图 8-9(a)、(c)、(e)所示。

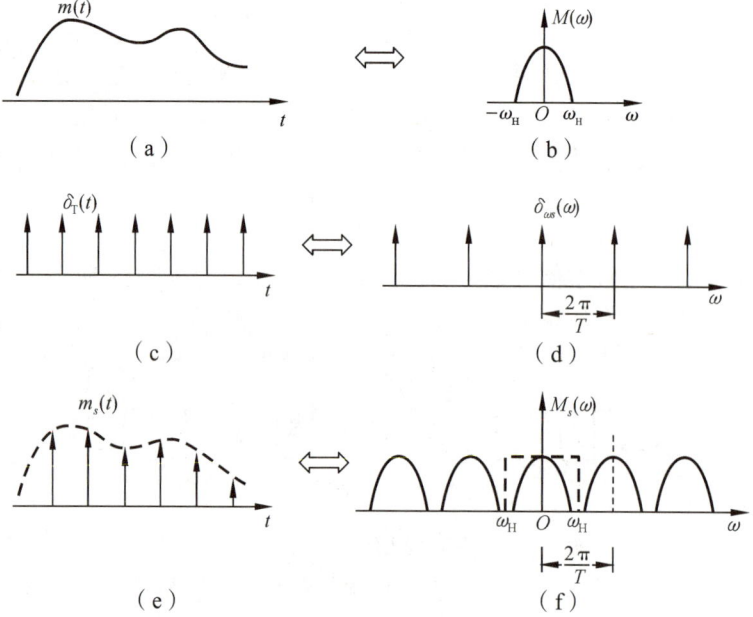

图 8-9 抽样过程

图 8-9(b)、(d)、(f)中 $M(\omega)$、$\delta_{\omega s}(\omega)$ 和 $M_s(\omega)$ 分别为 $m(t)$、$\delta_T(t)$ 和 $m_s(t)$ 的频谱。根据频域卷积定理,时域的乘积等于频域的卷积,则有

$$M_s(\omega) = \frac{1}{2\pi}[M(\omega) * \delta_{\omega s}(\omega)]$$

因为

$$\delta_{\omega s}(\omega) = \omega_s \sum_{n=-\infty}^{\infty} \delta(\omega - n\omega_s)$$

$$\omega_s = \frac{2\pi}{T}$$

所以

$$M_s(\omega) = \frac{1}{T}[M(\omega) * \sum_{n=-\infty}^{\infty} \delta(\omega - n\omega_s)]$$

由卷积关系，上式可写成

$$M_s(\omega) = \frac{1}{T} \sum_{n=-\infty}^{\infty} M(\omega - n\omega_s)$$

上式表明，已抽样信号 $M_s(t)$ 的频谱 $M_s(\omega)$ 是无穷多个间隔为 ω_s 的 $M(\omega)$ 叠加而成，这也意味着 $M_s(\omega)$ 中包含全部信息。

2）抽样的 MATLAB 实现

有一个模拟信号 $x(t)$ 如下：

$$x(t) = \sin c^2(200t) = \left[\frac{\sin(200t)}{200t}\right]^2$$

首先作出其时域图像和频谱分布，再分别用 $f_1 = 100$ Hz 和 $f_2 = 200$ Hz 两种抽样频率对其抽样，得到抽样后的图像及其频谱，进一步验证抽样定理。

$x(t)$ 的时域波形和频域幅频特性波形实现代码如下：

```
————    signal.m    ————
t0=10;                        %定义时间长度
ts=0.001;                     %抽样周期
ts1=0.01;                     %抽样周期1
ts2=0.005;                    %抽样周期2
fs=1/ts;fs1=1/ts1;fs2=1/ts2;
df=0.5;                       %定义频率分辨力
t=[-t0/2:ts:t0/2];            %定义时间序列
y=sin(200*t);
x=y./(200*t);
w=t0/(2*ts)+1;
x(w)=1;
x=x.*x;x=50.*x;
[M,xn,dfy]=fftseq(x,ts,df);   %傅里叶变换，时域转频域
M=M/fs;
f=[0:dfy:dfy*length(xn)-dfy]-fs/2;  %定义频率序列
subplot(2,1,1);
plot(t,x);
xlabel('时间');
title('原信号的波形');
```

```
axis([-0.15,0.15,-1,50]);
subplot(2,1,2)
plot(f,abs(fftshift(M)))
xlabel('频率');
axis([-500,500,0,1]);
title('原信号的频谱')
```

以上程序中 fftseq( ) 为自定义函数，实现代码如下：

```
——————  fftseq.m  ——————
function [M,m,df]=fftseq(m,ts,df)
fs=1/ts;
if nargin==2
    n1=0;
else n1=fs/df;
end
n2=length(m);
n=2^(max(nextpow2(n1),nextpow2(n2)));
M=fft(m,n);
m=[m,zeros(1,n-n2)];
df=fs/n;
```

运行 signal.m 程序，得到 $x(t)$ 的时域波形和频域幅频特性波形，如图 8-10 所示。

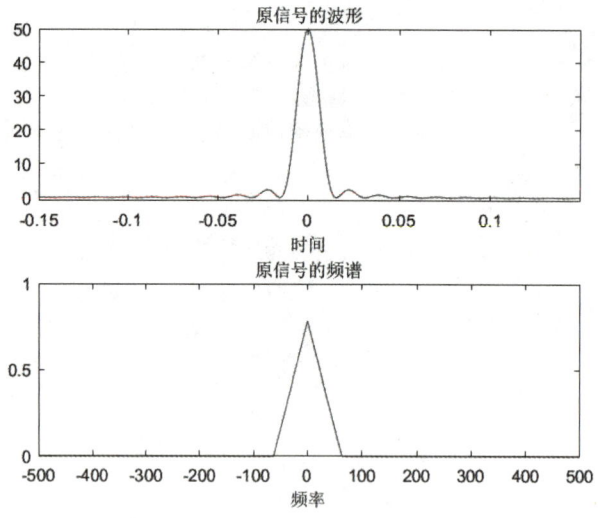

图 8-10 原始信号的时域波形图与频谱图

根据以上分析可知，对信号 $x(t)$ 抽样，即将其与一系列冲击脉冲相乘，当抽样频率为 $f_1 = 100$ Hz 时，其表达式如下：

$$x(t) = \sin^2 c(200t) \cdot \sum_{-\infty}^{\infty} \delta(t - T_1) = \sum_{-\infty}^{\infty} \left[\frac{\sin 200(t - 0.01k)}{200(t - 0.01k)} \right]^2$$

编写程序如下：

```
t1=[-t0/2:ts1:t0/2];
y1=sin(200*t1);
x1=y1./(200*t1);
w1=t0/(2*ts1)+1;
x1(w1)=1;
x1=x1.*x1;x1=50.*x1;
[M1,xn1,df1]=fftseq(x1,ts1,df);
M1=M1/fs1;
N1=[M1,M1,M1,M1,M1,M1,M1,M1,M1,M1,M1,M1,M1];
f1=[-7*df1*length(xn1):df1:6*df1*length(xn1)-df1]-fs1/2;
subplot(2,1,1);
stem(t1,x1);
xlabel('时间');
title('f1 抽样的波形');
axis([-0.15,0.15,-1,50]);
subplot(2,1,2)
plot(f1,abs(fftshift(N1)))
title('f1 抽样的频谱')
xlabel('频率');
axis([-500,500,0,1]);
```

程序依然调用自定义函数 fftseq( )，仿真结果如图 8-11 所示。

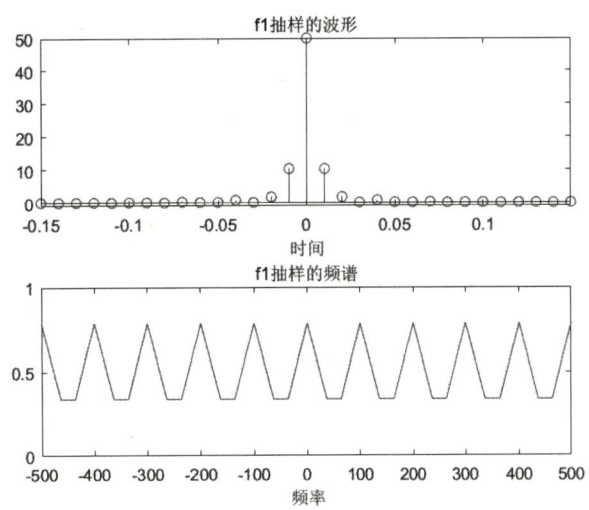

图 8-11　采样频率为 100 Hz 的时域波形与频谱图

原信号的最高频率 f_H 约为 64 Hz，由于 $f_1 < 2f_H$，在图 8-11 中的时域波形中冲激串的包络已经出现了失真，不能完整表示原信号，从频谱图中也发现，频谱之间出现了混叠，不能体现原频谱的全部特点。因此，再采用 $f_2 = 200$ Hz 进行抽样，对比一下抽样序列的时域波形和频谱图。当 $f_2 = 200$ Hz 时，其表达式为

$$x(t) = \sin^2 c(200t) \cdot \sum_{-\infty}^{\infty} \delta(t - T_2) = \sum_{-\infty}^{\infty} \left[\frac{\sin 200(t - 0.005k)}{200(t - 0.005k)} \right]^2$$

实现程序如下：

```
t2=[-t0/2:ts2:t0/2];
y2=sin(200*t2);
x2=y2./(200*t2);
w2=t0/(2*ts2)+1;
x2(w2)=1;
x2=x2.*x2;x2=50.*x2;
[M2,xn2,df2]=fftseq(x2,ts2,df);
M2=M2/fs2;
N2=[M2,M2,M2,M2,M2,M2,M2,M2,M2,M2,M2,M2,M2];
f2=[-7*df2*length(xn2):df2:6*df2*length(xn2)-df2]-fs2/2;
subplot(2,1,1);
stem(t2,x2);
xlabel('时间');
title('f2 抽样的波形');
axis([-0.15,0.15,-1,50]);
subplot(2,1,2)
plot(f2,abs(fftshift(N2)))
title('f2 抽样的频谱')
xlabel('频率');
axis([-500,500,0,1]);
```

仿真结果如图 8-12 所示。

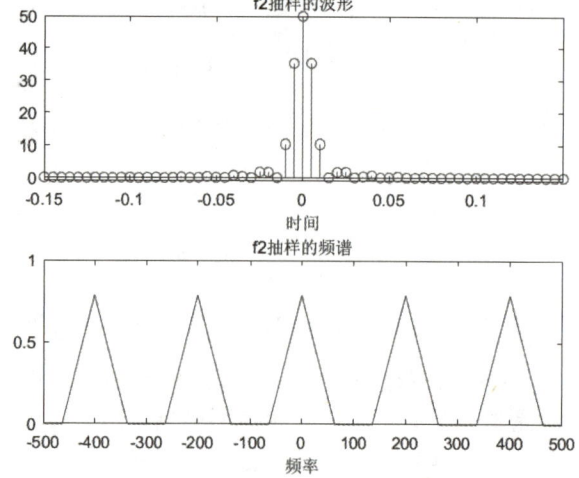

图 8-12　采样频率为 200 Hz 的时域波形与频谱图

如图 8-6 所示，当 $f_2 > 2f_H$ 时，满足抽样定理。从时域波形上可以看出，比 100 Hz 抽样所得的冲激脉冲串包含的细节要多，在频域中也没有出现频谱交叠的现象，这样就可正确恢复原信号。

2．量化

1）量化的定义

量化就是把时间离散幅度连续的抽样信号转换成时间离散的数字信号，其实质就是一种利用数字量逼近模拟量的过程，或者说是一种舍入过程，因而必然存在量化误差。时间连续的模拟信号经上述抽样过程后，虽然在时间上离散，但在幅度上仍然是连续的，如果利用 N 位二进制码组来表示这些抽样值，则需要 $M = 2^N$ 个电平值相对应，此电平称为量化电平。

量化的物理过程如图 8-13 所示，$m(t)$ 是模拟信号，抽样频率为 $f_s = 1/T_s$，抽样值用"·"表示，第 k 个抽样值为 $m(kT_s)$，$m_q(t)$ 表示量化信号，$q_1, q_2, \cdots, q_M$ 是预先规定好的 M 个量化电平（取 $M = 7$），m_i 为第 i 个量化区间的终点电平，电平之间的间隔 $\Delta i = m_i - m_{i-1}$，称为量化间隔。那么，量化就是将抽样值 $m(kT_s)$ 转化为 M 个规定电平 $q_1 \sim q_M$ 中的某一个，因此

$$m_q(kT_s) = q_i, \quad m_{i-1} \leqslant m(kT_s) \leqslant m_i$$

量化器输出的是一个数字信号序列 $\{m_q(kT_s)\}$。

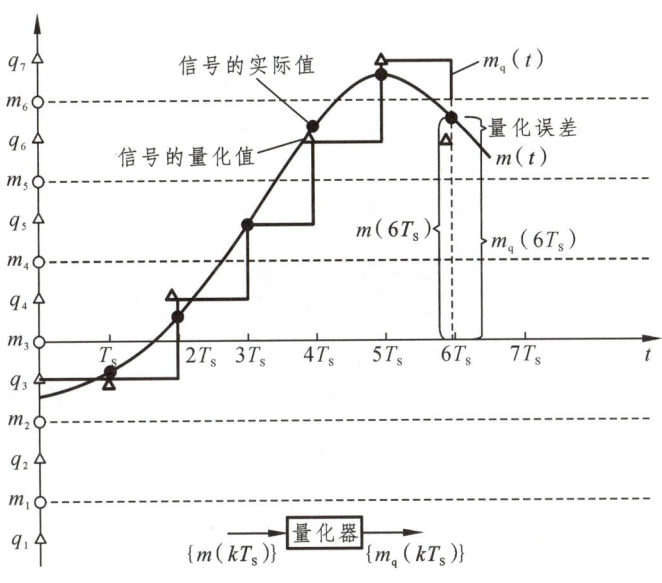

图 8-13 量化过程

为了方便起见，假设 $m(t)$ 是均值为 0、概率密度为 $f(x)$ 的平稳随机过程，同时用简化符号 m 表示 $m(kT_s)$，m_q 表示 $m_q(kT_s)$，采用均方误差 $E[(m - m_q)^2]$ 来度量量化误差。由于这种误差相当于干扰或噪声，故称其为量化噪声。

如果把输入信号的取值域按等距离分割，则称为均匀量化，否则为非均匀量化。假定输入信号的最小值和最大值分别为 a 和 b，量化电平数为 M，那么均匀量化时的量化间隔为

$$\Delta v = (b-a)/M$$

量化器输出 m_q 为

$$m_q = q_i, 当 m_{i-1} < m \leq m_i, i = 1 \sim M$$

式中，m_i 为第 i 个量化区间的终点，可写成

$$m_i = a + i\Delta v$$

q_i 为第 i 个量化区间的量化电平

$$q_i = (m_{i-1} + m_i)/2 = a + i\Delta v - (\Delta v/2), i = 1, 2, \cdots, M$$

2）量化的 MATLAB 实现

在 MATLAB 中，函数 quantiz 可用作对信源进行量化，其完整的调用格式如下：

[index,quants,distor]=quantiz(sig,partition,codebook)

式中，变量 sig 表示需要进行量化的原始向量信号；变量 partition 用于设定量化区间，而且所设定的间隔可以是任意的；变量 codebook 用于设定于量化区间 partition 对应的量化后信号值；返回值 index 表明在量化后 sig 中每个元素落在 partition 所设定的哪个区间之内；返回值 quants 返回的是 sig 中每个元素在 codebook 中相对应的量化值；返回值 distor 返回的是量化均方误差值。

对模拟信源 $s = \sin t (0 < t < 2\pi)$ 进行均匀量化，量化间隔为 0.2。MATLAB 实现代码如下：

```
t=[0:0.1:2*pi];              %设定采样时间点序列
x=sin(t);                    %采样模拟信源得到的原始信号
partition=[-1:0.2:1];        %设定等距离量化区间，进行均匀量化
codebook=[-5.5:1:5.5];       %设定于量化区间 partition 对应的信号量化值
[index,quants,distor]=quantiz(x,partition,codebook);%量化
subplot(2,1,1)
plot(t,x);
title('量化前波形图');
subplot(2,1,2)
plot(t,quants,'*');
title('量化后波形图');
```

运行结果如图 8-14 所示。

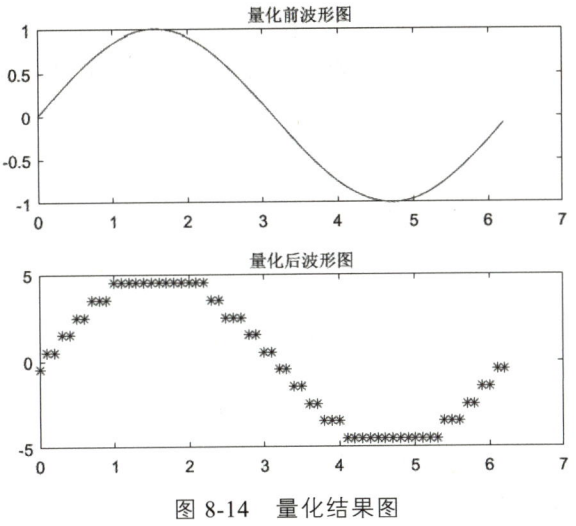

图 8-14　量化结果图

3．编码

1）脉冲编码调制

编码是将量化后的信号编码形成一个二进制码组输出，国际标准化的 PCM 码组是由八位码组成的，一个码组代表一个抽样值。从通信中调制的概念来看，可以认为 PCM 编码过程是模拟信号调制一个二进制脉冲序列，载波是脉冲序列，通过调制改变脉冲序列中码元的取值，所以该过程称为 PCM 脉冲编码调制。

PCM 主要包括抽样、量化与编码三个过程，在量化过程中，量化间隔可以等间隔，也可以不等间隔，因此又将 PCM 分为均匀 PCM 和非均匀 PCM，本节只研究均匀 PCM。在均匀 PCM 中，若已知信号采样值的量化范围为$[-V,+V]$，量化级数为 L，则均匀量化间隔为

$$\Delta_k = \Delta = 2V/L, \ k=1,2,\cdots,L$$

进入抽样器的波形是带宽为 W 的带限信号。通常，在抽样器前端放置一个带宽为 W 的滤波器，从而阻止带外分量进入抽样器，该滤波器称为预抽样滤波器。抽样值进入量化器后，量化电平选择为量化区间的中点，因此量化误差是取值在$[-\Delta/2,+\Delta/2]$的随机变量。在常见的 PCM 应用中，量化级数 L 足够大，输入信号的变化范围很小，说明量化间隔较小。如果 L 是 2 的幂次方，即$L=2^v$，那么表示每个量化电平需要 v 比特，那么量化后的数值就需要用 v 比特的二进制数来进行编码。常用的二进制编码码型主要有自然二进制码和折叠二进制码，本节以自然二进制码为例来讲述编码过程。

自然二进制码就是将一般的十进制正整数表示为二进制的过程，编码简单、易记。若把自然二进制码从低位到高位依次给以 2 倍的加权，就可变换为十进制数。假设二进制码为

$$(a_{n-1}, a_{n-2}, \cdots, a_1, a_0)$$

则有

$$D = a_{n-1}2^{n-1} + a_{n-2}2^{n-2} + a_1 2^1 + a_0 2^0$$

便是其对应的十进制数（量化后的电平值）。

2）均匀量化编码的 MATLAB 实现

编写一个函数实现均匀 PCM 量化编码，并计算 SQNR（量化噪声比），代码如下：

—————— upcm.m ——————

```matlab
function[sqnr,a_quan,code]=upcm(a,n)
amax=max(abs(a));
a_quan=a/amax;                          %对输入信号序列归一化，幅度为[-1,1]
b_quan=a_quan;
d=2/n;                                  %设定量化间隔 d
q=d.*[0:n-1]-(n-1)/2*d;                 %设定每个量化区间对应的判决阈值
%对归一化后的输入信号进行均匀量化
for i=1:n
    index=find((q(i)-d/2<=a_quan)&(a_quan<=q(i)+d/2));
    a_quan(index)=q(i).*ones(1,length(index));
    b_quan(find(a_quan==q(i)))=(i-1).*ones(1,length(find(a_quan==q(i))));
end
a_quan=a_quan*amax;                     %将量化后信号的归一化值恢复
nu=ceil(log2(n));                       %设定给定量化级数对应的比特数
code=zeros(length(a),nu);
%对量化后的电平值进行编码
for i=1:length(a)
    for j=nu:-1:0
        if(fix(b_quan(i)/(2^j))==1)
            code(i,nu-j)=1;
            b_quan(i)=b_quan(i)-2^j;
        end
    end
end
%计算量化噪声比
sqnr=20*log10(norm(a)./norm(a-a_quan));
```

上述代码自定义了均匀 PCM 量化编码函数 upcm( )，向量 a 是输入信号序列，变量 n 是量化级数，变量 sqnr 表示量化信噪比，变量 a_quan 表示量化后信号序列，向量 code 表示量化后编码矩阵。

利用函数 upcm( )，对正弦信号 $s=\sin t(0<t<2\pi)$ 进行均匀 PCM 量化编码，并比较量化级数分别为 8、16 时的量化噪声比的大小。编写程序如下：

```matlab
t=[0:0.1:2*pi];
s=sin(t);
%对正弦信号进行量化级数为 8 的均匀 PCM 量化编码
```

```
[sqnr8,aquan8,code8]=upcm(s,8);
%对正弦信号进行量化级数为 16 的均匀 PCM 量化编码
[sqnr16,aquan16,code16]=upcm(s,16);
plot(t,s,t+0.2,aquan8,'-.',t+0.4,aquan16,'*');
legend('原始正弦信号','级数为 8','级数为 16');
```

运行程序，得到波形图如图 8-15 所示。

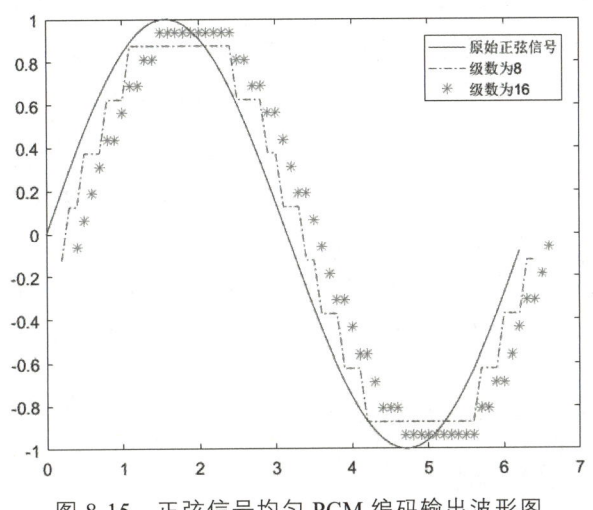

图 8-15 正弦信号均匀 PCM 编码输出波形图

如图 8-15 所示，对比 sqnr8 和 sqnr16 的值可以看到，量化级数为 16 的信噪比明显高于级数为 8 的信噪比，由此表明，级数越高，得到的输出波形与原信号更为接近，量化编码后失真的程度越小。

本节主要介绍了模拟信号转化为数字信号的 MATLAB 实现过程，数字信号通常用不同幅值的脉冲表示码元的不同取值，这种脉冲信号又被称为数字基带信号，其所占据的频带通常从直流和低频开始。在某些具有低通特性的有线信道中，特别是在传输距离不太远的情况下，数字基带信号可以不经过调制而直接进行传输，这种不使用调制和解调装置而直接传送的数字传输系统被称作数字基带传输系统，它的传输过程包括编码、滤波、均衡等技术。为了使数字信号能够在带通信道中传输，必须用数字基带信号对载波进行调制，以使信号与信道的特性相匹配，这种数字传输系统称为数字频带系统，它的过程包括 ASK（振幅键控）、FSK（频移键控）、PSK（相移键控），以上多种技术的实现原理都可以用 MATLAB 仿真来实现。

第 8 章彩图

参考文献

[1] 刘浩. MATLAB R2016a 完全自学一本通[M]. 北京：电子工业出版社，2016.

[2] 温欣研. MATLAB R2016a 从入门到精通[M]. 北京：清华大学出版社，2017.

[3] 潘巍. 仿真建模与 MATLAB 实用教程[M]. 北京：清华大学出版社，2015.

[4] 刘卫国. MATLAB 程序设计与应用[M]. 北京：高等教育出版社，2017.

[5] 张采芳. MATLAB 编程及仿真应用[M]. 武汉：华中科技大学，2017.

[6] 赵近芳. 大学物理学（下）[M]. 北京：北京邮电大学出版社，2017.

[7] Báez López, David. MATLAB with Applications to Engineering, Physics and Finance[M]. Boca Raton: CRC Press, 2009.

[8] 蒋珉. MATLAB 程序设计及应用[M]. 北京：北京邮电大学出版社，2015.

[9] 周群益. MATLAB 可视化大学物理学[M]. 北京：清华大学出版社，2012.